Début d'une série de documents
en couleur

BASES

Pour servir aux Entreprises de Colonisation

TERRITOIRES NATIONAUX

DE LA

RÉPUBLIQUE ARGENTINE

PAR LE

Docteur AUGUSTE BROUGNES

Propriétaire-Agriculteur à Caixon, près Vic-Bigorre

(Hautes-Pyrénées).

> *La colonisation à l'extérieur est, dans les conditions économiques actuelles, le remède le plus efficace du paupérisme agricole.*
>
> **COHEN.**
> Séance du 22 novembre 1870.

> *La rédemption de la race blanche se trouverait dans l'acquisition morale, de tout un pays riche et vierge, d'un monde qui donnerait terre, travail, fortune.*
>
> *ANDRES LAMAS.*
> Notice sur l'Uruguay.

TARBES

Imprimerie de E. VIMARD, place Maubourguet, 7.

1882

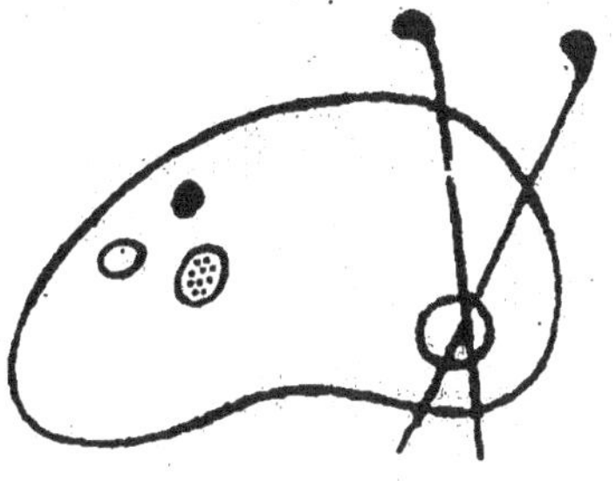

Fin d'une série de documents
en couleur

A SON EXCELLENCE

M. LE PRÉSIDENT DE LA RÉPUBLIQUE ARGENTINE

Brigadier général, Jules ROCA

Hommage de ma respectueuse estime.

Dr BROUGNES.

BASES

Pour servir aux Entreprises de Colonisation

DANS LES

TERRITOIRES NATIONAUX

DE LA

RÉPUBLIQUE ARGENTINE

PAR LE

Docteur AUGUSTE BROUGNES

Propriétaire-Agriculteur à Caixon, près Vic-Bigorre

(Hautes-Pyrénées).

TARBES

Imprimerie de E. VIMARD, place Maubourguet, 7.

—

1882

Tarbes, imprimerie de E. Vimard, place Maubourguet, 7.

INTRODUCTION

La colonisation à l'extérieur est, dans les conditions économiques actuelles, le remède le plus efficace du paupérisme agricole.

COHEN.

(Semaine du 22 novembre 1850).

Nous livrons aujourd'hui au public la traduction d'une brochure, publiée en espagnol, au mois d'août 1881, à Buenos-Ayres, capitale de la République Argentine. Nous l'offrons à nos compatriotes, sans ambition pour son mérite littéraire, que nous n'avons pas cherché, mais seulement pour son utilité économique et pratique, considérée au point de vue des intérêts matériels de l'intéressante population agricole européenne pauvre, dont nous voudrions voir améliorer le sort.

Frappé d'admiration dans notre dernier voyage de l'Amérique du Sud, de l'immense mouvement commercial et industriel qu'offrait cette contrée que nous visitions pour la troisième fois depuis trente ans ; enchanté du tableau vivant de la richesse de sa campagne, peuplée d'innombrables troupeaux de brebis, de vaches, de chevaux, au milieu desquels se promenaient des groupes de cerfs ; étonné surtout de voir chaque semaine descendre sur la plage des milliers d'émigrants, en grande partie colons italiens, suisses, savoyards, et quelques Français, dont la majeure partie étaient dirigés, aux frais du gouvernement, aux nombreuses colonies de la province de Santa-Fé, autrefois la plus pauvre et aujourd'hui une des plus riches de la République ; heureux de voir dans ce pays que l'idée de la colonisation, dont j'avais été le promoteur et le premier entrepreneur en 1854, avait pris un développement inespéré (1), à l'aspect, dis-je, de ce

---

(1) En 1850, ému de la triste situation du petit cultivateur en Europe, situation qui me parut irrémédiable par les moyens proposés à cette époque, laquelle, en effet, n'a pas été améliorée, j'entrepris un voyage dans l'Amérique du sud, en vue de résoudre la question du paupérisme agricole européen. (1) Dès mon arrivée dans cette contrée, je ne tardai

(1) *Extinction du paupérisme agricole européen par la colonisation dans les provinces de la Plata, par le docteur BROUGNES.*

(Bagnères, 1854.)

mouvement agricole, commercial et industriel, je me mis de nouveau à étudier la question de la colonisation argentine, organisée en vue de compléter l'œuvre par une combinaison propre à produire de meilleurs, de plus grands résultats.

Partant du principe économique que le travail, le travail agricole surtout, est d'autant plus productif que l'outillage (capital mobilier et de rente) est plus complet; trouvant, d'autre part, dans la loi sur la colonisation, promulguée par le gouvernement argentin le 6 octobre 1876, des dispositions largement libérales, dans les concessions des terres et autres priviléges que le gouvernement accorde, je m'occupai de coordonner dans les proportions voulues l'action de ces trois éléments : terre, travail, capital, de manière à leur faire produire, par leur concours simultané, les plus grands résultats possibles.

Le but que je me proposais, en me livrant à ce travail, consistait à ouvrir au cultivateur européen pauvre une voie de salut large, facile à parcourir, sans sacrifice d'argent de sa part, entreprise qui lui permette de se créer une honnête

---

pas à reconnaître que la solution du problème que je cherchais à résoudre était trouvée. L'inspiration de mon entreprise m'était venue en lisant le journal la *Semaine*, du 22 novembre 1850, où je trouvais la pensée de Cohen écrite en tête de cette introduction.

A la vue de cet immense territoire, d'une salubrité reconnue, sous la zone des climats tempérés, entre les 30e et 40e degrés de latitude sud, la même que celle de l'Espagne et de l'Italie, et où le sol est d'une fertilité rare, sous forme de prairies à pâturage couvertes de bétail, sol facile à défricher, facile à exploiter, que les gouvernements et même le particulier vendaient à vil prix, ou concédaient même gratis ; à la vue, dis-je, de ces immenses plaines sans limites et incultivées, je me décidai à faire profiter le cultivateur pauvre européen des conditions si favorables pour lui. C'est en vue de cet objet que je publiai à Montevideo, en 1852, une brochure ayant pour titre : *Moyen de s'enrichir par la culture du sol en Uruguay*.

Peu de temps après cette publication, des gouverneurs des provinces argentines m'appelèrent à concourir aux entreprises que je proposais. Le magnifique territoire des missions jésuitiques, si salubre, si fertile, si pittoresque, qui m'était offert par le gouvernement de Corrientes, fixa mon choix, et un contrat fut passé le 29 janvier 1853, lequel fut garanti par le gouvernement national le 12 octobre 1854. Un caprice du gouverneur de Corrientes lui ayant fait établir la colonie à Ste-Anne,

aisance pour ses vieux jours, une fortune pour ses enfants. Les moyens que je propose en vue de ce résultat, et que j'exposerai dans le cours de ce travail, sont clairs et bien définis. Je n'en connais pas de plus efficaces pour remédier aux souffrances du cultivateur pauvre, ce Sisyphe de notre époque, condamné à la peine, aux privations, sans espoir d'en voir la fin.

Les souffrances de l'agriculture, tout le monde les connaît, le cultivateur plus que tout autre. Une enquête sérieuse sur sa situation dévoilerait des misères profondes, inconnues. On serait étonné comment, avec sa propriété réduite, le peu de rendement que donne le sol, les risques que font courir les perturbations atmosphériques, telles que sécheresse, gelées, grêle, maladie des plantes, la mortalité des animaux, sans compter toutes les charges que le fisc fait peser sur l'agriculture (2), celles que lui impose l'entretien d'une famille et

à trois lieues de la capitale, au lieu de l'établir dans le territoire des missions, m'amena à demander la résiliation du contrat ; ma proposition, acceptée par le gouvernement National, se termina par une transaction avec indemnité en 1863. La colonie transférée dans le territoire des missions en 1862, porte le nom de St-Martin ; elle est située sur le bord du fleuve Uruguay, non loin des ruines de Japeyu, ancienne capitale des jésuites

Dans cette dernière localité, la colonie a prospéré ; on peut en juger par l'extrait suivant du rapport de M Samuel Navarro, inspecteur des colonies du gouvernement argentin, en 1878, rapport déposé aux archives du gouvernement National. J'extrais de ce rapport la partie relative à la colonie St-Martin.

« D'après les renseignements que m'ont fourni les membres du conseil municipal de la colonie, presque tous les colons se trouvent « dans un état prospère, au point que le moins aisé d'entr'eux pourrait réaliser un capital de vingt à vingt-cinq mille francs s'il voulait rentrer en France. En général, ils s'occupent d'agriculture et de « l'élève du bétail. Le plus âgé des colons, maire de la colonie, le sieur « Déjeane, venait de livrer à un autre colon, à cheptel, sept cents vaches. Il en possède plus d'un millier. »

Le territoire des missions, qui a une superficie de deux mille lieues carrées, est, depuis un an, sous la dépendance du gouvernement national, qui va y établir des colonies.

(2) Le revenu net de la propriété rurale en France est évaluée à 2,750.000,000 de francs sur lequel l'Etat prélève le 25 pour cent, soit 687,500,000 fr., droits de succession, impôt foncier, portes et fenêtres...

d'une maison d'exploitation ; on serait étonné, dis-je, comment ce cultivateur, qui donne à la terre tout le travail d'une année, peut se maintenir sans se ruiner et conserver son faible patrimoine jusqu'au jour où ses enfants viendront se le partager et le réduire en lambeaux.

Sans doute, telle n'est pas la situation de tous les petits cultivateurs ; je ne veux pas exagérer le tableau. Il y en a certes dans le nombre qui, à force de travail et d'économie, en s'aidant des bénéfices de quelque autre industrie, ou favorisés par quelque héritage, se procurent une certaine aisance ; mais ceux-ci sont peu nombreux. *Apparent rari nantes in gurgite vasto ;* et leur situation exceptionnelle ne détruit pas mon assertion.

Sans doute, aussi, nos économistes, nos hommes d'Etat, émus de cette situation, ont cherché et cherchent encore les moyens d'y remédier.

Jusqu'à ce jour, leur bonne volonté, tous leurs efforts, sont restés impuissants pour améliorer cette situation, et le pauvre cultivateur attend encore la nymphe Egérie qui doit souffler, aux oreilles de nos législateurs et de nos ministres, les mesures de salut propres à l'arracher au gouffre béant de la misère. Bien des propositions ont été faites, de nombreux projets ont été présentés et étudiés. On a bien vite reconnu que ces propositions, ces projets, n'étaient que des palliatifs, des mesures impuissantes pour remédier au mal. Ce n'était qu'appliquer un sédatif sur une plaie douloureuse, sans pouvoir la cicatriser. Pense-t-on, en effet, qu'avec la faible gratification de quelques francs, résultant de la diminution ou de l'exemption de l'impôt foncier, de celui des portes et fenêtres, ou de la prestation, guérir le mal qui dévore la petite culture ? On ne peut le croire ; et les soixante millions provenant de la conversion de la rente, distribués chaque année à nos trois millions de petits cultivateurs, c'est-à-dire vingt francs pour chacun d'eux, changeront-ils sa situation ? Et croit-on que l'institution des banques agricoles, en facilitant les emprunts au petit cultivateur, c'est-à-dire le moyen de dépenser davantage, au lieu de diminuer le mal, ne l'aggraverait pas ? Peut-on, avec de telles mesures, couvrir la dette hypothécaire de huit milliards de francs qui pèse sur la propriété, prélevant chaque année sur la production agricole de trois à quatre cent millions de francs ?

Non, tous ces moyens proposés, toutes ces mesures indiquées ne suffisent pas et sont impuissantes à résoudre le grand problème de l'extinction du paupérisme agricole.

Pour mon compte, je ne connais qu'un moyen réellement efficace, pratique, radical, c'est celui indiqué par Cohen dans le journal la *Semaine* du 22 novembre 1850 (cité plus haut). C'est aussi celui que la nature nous conseille. Lorsqu'une plante, un arbre, dépérissent sur un sol maigre et stérile, transplantés sur un terrain gras et fertile, ils revivent, reprennent leur vigueur et se couvrent de fruits.

Notre œuvre de colonisation ne s'adresse pas précisément aux propriétaires qui jouissent de plus ou moins d'aisance. Que ceux-ci continuent à vivre dans le village où les retiennent des habitudes sociales, des relations d'amitié ou de familles, pénibles à rompre. Notre œuvre a pour unique objet d'ouvrir une voie de salut à tous ces malheureux petits cultivateurs, qui usent inutilement leur vie et leur courage par un travail stérile, improductif, accablés sous le fardeau de lourdes charges qui paralysent l'action du travail et à qui, s'ils venaient à liquider leur situation, il ne resterait rien ou resterait un capital insignifiant. C'est pour ces Danaïdes de notre époque, condamnées à remplir d'eau un tonneau dont la bonde est ouverte ; c'est, en un mot, au cultivateur pauvre qu'est destinée notre œuvre. Dans notre conviction, nous croyons faire une bonne œuvre.

L'histoire économique moderne nous offre une preuve éclatante des résultats que procure la mesure que nous conseillons. En moins de quatre-vingts ans, trois millions de colons irlandais et allemands ont fait des terres désertes et incultes des États-Unis de l'Amérique du Nord le champ le plus vaste d'exploitation agricole ; en s'enrichissant, ces colons ont fait de cette contrée une des plus puissantes et des plus riches nations du monde. Pendant que l'Amérique espagnole fermait ses portes aux étrangers, les États-Unis de l'Amérique du Nord promulgaient leur *homestead Lau* (Loi du domicile) et concédaient à très bas prix, même gratuitement, des terres aux colons. Aujourd'hui, les Argentins de l'Amérique

du sud, convertis aux idées de colonisation, viennent aussi
de promulguer une loi de colonisation plus complète et bien
plus libérale que celle de l'Amérique du Nord, sans pour
cela être parfaite.

Le plan de colonisation que nous publions aujourd'hui a
pour objet de compléter cette loi, en simplifiant les procédés
d'exécution et en donnant un développement plus grand, plus
élevé, aux opérations de cette classe, tout en restant dans le
cercle des dispositions des articles 98, 99 et 104 de la partie
de cette loi qui s'applique aux entreprises particulières de
colonisation. La loi homestead Lau, de l'Amérique du Nord,
se bornait à céder où à vendre à bas prix des terres aux colons. Dans notre système de colonisation, en 1853, nous ajou-
tions, à la concession d'un vaste terrain, des avances remboursables, consistant en une habitation, la subsistance durant la
première année, les outils agricoles indispensables au colon.
La loi argentine du 6 octobre 1876 a adopté ce système : aujourd'hui, nous venons le compléter, en le régularisant, en l'é-
levant à un plus haut degré de puissance productive, par un
bon choix de familles agricoles et par l'emploi d'un capital
suffisant pour permettre au colon de faire de la colonisation
une industrie des plus productives pour lui, pour les entrepreneurs, pour le gouvernement lui-même, ce qui est le per-
fectionnement de l'œuvre économique de la colonisation,
comme le prouveront les résultats immenses que notre système produira.

BASES

POUR SERVIR AUX ENTREPRISES DE COLONISATION

DANS LES

TERRITOIRES NATIONAUX & PROVINCIAUX

DE LA

RÉPUBLIQUE ARGENTINE

Une des premières conditions de toute colonisation, c'est que le pays que l'on veut coloniser offre des garanties d'ordre et de paix, une situation hygiénique et climatérique, sans danger pour la vie des colons, où enfin règnent et se développent à l'aise le progrès et la prospérité. Or, toutes ces conditions se trouvent aujourd'hui réunies dans la République Argentine.

Située entre les 22me et 53me degrés de latitude de l'hémisphère sud, limitée à l'ouest par la chaîne des cordillères, sur une longueur de six cents lieues et arrosée au sud-est et à l'est par les eaux de l'Océan atlantique, sur une étendue de près de quatre cents lieues, jouissant du bénéfice de tous les climats, tropical au nord, tempéré au centre, glacial au sud, la République Argentine offre au travail du cultivateur européen le plus vaste, le plus fructueux champ d'exploitation qui existe sur le globe.

Un territoire de cent mille lieues carrées (1) quatre fois plus étendu que celui de la France, dont quarante mille appartiennent à l'Etat, formant huit territoires ; une population réduite de 1,852.029 habitants, une terre vierge des plus fertiles, — 5,116,029 têtes de bétail, — 1.534,478 chevaux et juments, — 45,511,351 brebis ou moutons, évalués à 364,090,860 francs. (Recensement de 1375).... Voilà, en gros, le pays que le gouvernement argentin veut coloniser, en le livrant à l'activité du travailleur agricole européen, et pour quel objet il a promulgué une loi dont nous ferons connaître plus loin les principales dispositions.

---

(1) Territoires Nationaux.

A L'OUEST	Les Pampas	10,000	lieues carrées.
	Les Andes	3,000	—
	Le Rio Negro	4,000	—
	Le Limay	1.000	—
AU SUD	Le Chubut	5,000	—
	La Patagonie	10,000	—
AU NORD	Les Missions jésuitiques . . .	2,000	—
	Le Chaco	8,000	—
	Total . . .	43,000	—

Territoire des Provinces Argentines.

	Superficie.		Population.	
Buenos-Ayres, capitale .	5	lieues carrées	300,000	âmes.
Buenos-Ayres, province .	7,000	—	195,121	
Entrerios	5.000	—	135,000	
Santa-Fé	2,000	—	88,981	
Corrientes	6,000	—	125,000	
San-Luis	2.000	—	53,268	
Cordova	6,000	—	216,241	
Santiago de l'Estero . .	3,500	—	133,243	
Xucuman	1.570	—	109,106	
Salta	5,000	—	110,000	
Jujui	3,000	—	40,265	
Mendosa	6,500	—	65,456	
San Juan	3,200	—	60,328	
La Rioja	3,500	—	48,959	
Catamarca	3,500	—	80,052	
		Indiens divers .	91,090	
TOTAL	57,775	lieues carrées.	1,755,040	âmes.

Le moment est on ne peut plus favorable pour cette entreprise.

Les questions d'ordre politique intérieur ont été résolues par la constitution fédérale de 1853, qui maintient unies les quatorze provinces argentines, sous la protection d'un gouvernement national fort et respecté, disposant de la force publique et de toutes les ressources nationales. La question de la capitale de la République, qui a tenu durant vingt ans les Argentins dans un état d'agitation passionnée, a été résolue, il y a deux ans, par la cession au gouvernement national de la riche cité de Buenos-Ayres, avec ses trois cent mille habitants, ses établissements publics, ses immenses ressources et son port de commerce visité chaque année par les navires de toutes les nations du globe. Les Indiens, qui occupaient l'immense et fertile plaine des Pampes et qui, durant des siècles, furent la terreur des éleveurs de bétail des provinces de Buenos-Ayres, Santa-Fé, Cordova, Saint-Louis et Mendosa, ont disparu et sont tenus à distance par la ligne militaire de la frontière, à la suite d'une expédition armée, habilement dirigée par le général Roca, Président actuel de la République. Huit mille Indiens avec leurs caciques faits prisonniers, un grand territoire conquis, la confiance rétablie parmi les éleveurs de bétail des provinces voisines... tels ont été les résultats de cette heureuse et importante expédition sur les Indiens, dont la race tend à disparaître sous l'action de la misère et de la maladie. Enfin, la question des frontières avec le Chili, qui, depuis soixante ans, préoccupaient les esprits de l'un et de l'autre côté des Andes, s'est terminée par un traité de limites signé en juillet 1881.

Ces trois importantes questions — choix de Buenos-Ayres pour capitale de la République, — conquête de plusieurs territoires sur les Indiens, — traité de limites avec le Chili, se trouvant heureusement résolues, la paix et l'ordre étant assurés, une ère de prospérité d'une portée incalculable s'ouvre aujourd'hui pour la République Argentine. Cette ère s'est déjà manifestée pour tous ceux qui jugent sans passion la marche des affaires dans ce pays. Le tableau de sa situation économique, commerciale et financière, formulé en chiffres statistiques dans le Message du Président de la République, à l'ouverture du congrès le 7 mai dernier (1882), est la preuve éclatante de ce fait.

D'après ce Message, le commerce international pendant l'année 1881 s'est élevé au chiffre de 582,155,035 francs, avec 14 pour cent d'augmentation sur celle de 1880. Il promet de s'élever à 711,800,000 francs pour l'année courante de 1882, le mouvement commercial pour le premier trimestre ayant été de 174,900,000 francs, ce qui est considérable pour un pays de moins de deux millions d'habitants. Dans ce chiffre, l'importation figure pour 270,870,020 francs, et l'exportation pour 280,930,970. Durant la même année de 1881, 11,691 navires sont entrés dans les ports de la République argentine. La dette nationale, dont partie a été employée à la construction de chemins de fer, s'élevait, au 31 décembre 1881, à 397,005,705 francs ; on a amorti, durant la même année, 16,057,245 francs. La circulation des lettres à la poste a été, pour la même année, de 12,285,000 fr., cinq millions de plus que l'année précédente ; 11,489 kilomètres de fil de fer fonctionnent par le télégraphe électrique, 2.590 kilomètres de chemins de fer sont livrés à la circulation ; 2,777 sont en construction. L'Etat pourvoit aux frais de 12 colléges et de 1,341 écoles primaires. L'armée permanente d'environ quinze mille hommes, formant quatre divisions, occupe les principales villes de l'intérieur et la ligne des frontières. L'escadre, composée d'un cuirassé de premier ordre, de neuf vapeurs de guerre et de cinq navires à voile, est occupée à l'exploration des côtes et des fleuves.

Quand un pays offre une pareille situation, les cultivateurs européens et les entrepreneurs de colonisation peuvent hardiment répondre à son appel et avoir confiance dans son avenir.

A l'époque où nous conçûmes notre projet de colonisation organisée (1852) dans la République Argentine en vue de l'extinction du paupérisme agricole européen, personne dans l'Amérique du Sud n'avait songé à cette idée et moins encore à la mettre à exécution. Seule l'émigration des Basques vers Montevideo, provoquée par les frères Brië de Saint-Jean-Pied-de-

Port, avait pris un certain développement, en dehors de toute
idée de colonisation. Celui, en effet, qui eût osé proposer à
cette époque au dictateur Rosas l'établissement de colonies
avec des éléments étrangers, aurait été bien mal reçu. Les
partisans de ce tyran, imbus des idées et des haines de leurs
pères contre les étrangers, ont été longtemps opposés à l'établissement de colonies dans ce pays, et quelques-uns d'entre
eux le sont encore aujourd'hui.

Au contraire, les hommes du parti libéral de cette époque
qui s'allièrent au général Urquiza dans sa lutte contre Rosas,
plus intelligents et plus instruits, acquis depuis longtemps aux
idées de la civilisation et de la science économique modernes,
Alsina père, Alberdi, Mitre, Gorostiaga, Sarmiento, Luis-
Jose de la Péna, Edouard Olivera, Avettaneda, Roca, Président
actuel de la République..... arrivèrent au pouvoir avec des
opinions tout opposées à celles des Rosistes. Ils avaient compris que l'immigration des cultivateurs européens portait en
elle le germe d'un accroissement d'ordre, de puissance et de
richesse pour leur pays. ,

La prospérité prodigieuse des Etats-Unis de l'Amérique du
Nord due en grande partie à l'émigration agricole européenne
les avait conquis à l'idée de colonisation. C'est donc de 1853
que date l'ère de la colonisation dans la République Argentine ; (1) et le premier contrat de colonisation passé dans ce
pays fut le mien.

____

(1) On a cru longtemps, et des personnes croient encore en France,
que l'émigration était préjudiciable au pays où elle se pratiquait.
Erreur profonde ; les faits sont venus démontrer le contraire. L'Angleterre, plus pratique que nous, ne s'est jamais opposée à l'émigration.
De 1847 à 1851, il sortit des ports d'Angleterre et d'Irlande 2,307,470
émigrants, sur 11,050, navires. Récemment, en 1878, il sortit de ce
même pays 147,663 émigrants pour les destinations suivantes : 81,557
pour les Etats-Unis de l'Amérique du Nord ; — 37,224 pour l'Australie;
— 13,836 pour les possessions anglaises ; — 13,036 pour autres pays
divers. Est-ce que, pour avoir perdu ces millions d'émigrants, l'Angleterre est moins riche aujourd'hui, moins puissante qu'en 1840 ? Non,
c'est le contraire. On a dit aussi que l'argent emporté par les émigrants
diminuait la masse monétaire du pays; ceci n'est pas tout à fait exact.
En général, les émigrants emportent peu d'argent ; il y en a même.

Les deux premières colonies fondées furent celle de Sainte-Anne dans la province de Corrientes et celle de Esperanza dans la province de Santa-Fé. Le contrat avec la première de ces provinces fut résilié pour des raisons expliquées plus haut. La colonisation continua dans celle de Santa-Fé. Durant les vingt années qui ont suivi, cinquante colonies ont été fondées dans cette province : elles comprennent aujourd'hui un personnel de 28,910 individus de tout âge, une extension territoriale de 529,434 hectares 88 ares, desquelles 155,778 furent semées en 1879. Les chiffres statistiques suivants du rapport de l'administrateur des colonies de Santa-Fé, Jonas Larguia, peuvent donner une idée du mouvement productif de ces colonies pour l'année 1879.

---

qui, après avoir payé leur passage, n'en emportent pas du tout. Mais l'argent de leur passage ne passe pas à l'étranger, il reste dans les caisses des armateurs, propriétaires des navires de transport. Il faut, d'autre part, tenir compte d'un autre fait qui est à la connaissance de tout le monde ; c'est le chiffre considérable d'argent que nos émigrants, établis à l'étranger, envoient à leur patrie. On a constaté que les émigrants anglais établis dans les Etats-Unis de l'Amérique du Nord envoient chaque année à leurs parents et aux banques de dépôt un million de livres sterling (25,000,000 de francs). Les 60,000 Italiens, établis dans la République argentine, envoient, chaque année, en Italie, de cinq à six millions de francs. On a constaté ce fait sur les registres du consulat italien à Buenos-Ayres et dans les livres des banques. Je signalerai une autre considération d'une haute moralité : C'est la séparation des jeunes gens d'avec leurs parents, dans nos campagnes d'Europe. On voit tous les jours les enfants du petit cultivateur, vivant dans les privations et la gêne dans leur propriété, réduits à quitter la maison paternelle pour aller dans les villes gagner un salaire qui leur permette de s'entretenir et de se procurer certaines jouissances de la vie qui n'existent pas dans le village. Il arrive alors que, libres de la direction et de la surveillance des parents, ils se livrent avec l'inexpérience de leur âge à l'entraînement des passions et des jouissances de la vie, souvent au détriment de leur santé et des sentiments moraux que leur avaient inspirés le père et la mère. Jetez un regard dans les grandes villes, et vous serez douloureusement ému à la vue du tourbillon fascinateur dans lequel se trouve entraîné la jeunesse française ouvrière. Ne serait-elle pas mieux placée en pays étranger à côté des parents, travaillant avec goût et courage, produisant en grand, pouvant par conséquent pourvoir à leurs besoins, s'enrichissant de leurs économies et préparant un meilleur avenir à la génération qui suivra. La colonisation est donc une mesure de haute moralité pratique.

Colonies de Santa Fé en 1879.

Population . . . . 28,910 de tout âge et sexe.
Extension territoriale . . . . 318,170 cuadros 529,434 hectares.
Terrain cultivé en 1879 . . . 94,617 155,778

Production de l'année 1879

TERRES ENSEMENCÉES,

Froment, 70,186 cuadros . . . . 116,789 hectares.
Maïs, 11,729 cuadros . . . . 19,517 —
Avoine, 1,110 cuadros . . . . 1,847 —
Arachides, 2,133 cuadros . . . . 3,549 —
Autres produits, 9,295 . . . . 15,466 —

RÉCOLTE

586,937 fanègues de 15 arrobes (10 kil.) . 1,269,318 hectolitres,
81,024 fanègues de 12 arrobes . . . . 139,766 —
12,568 fanègues — . . . . 21,679 —
168,095 arrobes. . . . . 19,330 —
947,282 arrobes. . . . . 109,937 —

La valeur de ces produits en argent était de ;

Blé, 586,937 fanègues de 13 décalitres, à 25 f. la fanègue, 14,673,425 fr.
Maïs, 81,024 fanègues — à 10 f. la fanègue, 810,024 fr.
Avoine, 12,588 fanègues — à 15 f. la fanègue, 188,820 fr.
Arachides, 168,095 arrobes de 11 k. à 2 fr. 50 arrobe, 420,237 fr.
(1) Autres produits 947,283 arrobe à 1 fr. 25 arrobe, 1,184,106 fr.

Valeur de la récolte en 1879, 17,066,829 fr,

Mouvement du port de Santa-Fé sur le Parano en 1879.

Durant la même année de 1879, 1,169 navires à voile et 444 à vapeur entrèrent dans le port de Santa-Fé ; il en sortit 1.067 chargés, sur lesquels 69 à vapeur.

La valeur de l'importation s'éleva à 976,734 piastres
fortes (5 fr.) . . . . 4,883,670 fr.
Celle de l'exportation, à 1,139,372 piastres fortes . . 5,696,860 fr.
Différence en faveur de l'exportion, 190, 385 fr. . . 951,925 fr.

Parmi les matières exportées, on compte 3,506,004 kil. de farine et 169,946 kil. de blé, soit 43,822 balles de farine de 80 kil. et 2,124 hectolitres de blé.

Le succès de la colonisation dans la province de Santa-Fé engagea le gouvernement national à entreprendre la création de colonies agricoles dans les territoires nationaux. A cet effet, il présenta au congrès un projet de loi sur l'immigration

---

(1) *Entr'autres produits agricoles, nous devons signaler le lin, lequel d'après certains colons, donne plus de rendement que le blé, et encore n'est-il cultivé que pour la graine achetée pour le commerce extérieur.*

et la colonisation qui fut votée par les Chambres le 6 octobre
1876. La première partie de cette loi, celle de l'immigration,
comprend dix titres : dans le premier, il est créé un bureau
d'immigration sous la direction d'un commissaire général ; le
deuxième institue les agences d'immigration à l'étranger ; le
troisième traite des commissions d'immigration dans les provinces ; le quatrième établit les bureaux de placement pour
les immigrants ; le cinquième traite des priviléges accordés
aux immigrants ; le sixième, des navires de transport ; le sep-
tième, du débarquement des immigrants, de leur subsistance
et logement en attendant leur placement, par les soins et aux
frais du bureau d'immigration. Enfin, par le dixième, il est
créé des ressources pour le fonctionnement de l'institution.

La seconde partie de la loi comprend tout ce qui se rattache à la colonisation. Par le chapitre 1er, il est créé un bureau
de terres et des colonies nationales, chargé de l'examen et de
l'enregistrement des propositions de colonisation qui sont
adressées au gouvernement, et des rapports sur la matière ;
de veiller aux opérations de comptabilité et de statistique ;
d'ordonner les explorations, l'arpentage et le bornage de terres, de s'occuper enfin de tout ce qui se rattache à la colonisation des territoires nationaux. Les six titres suivants traitent :
1° de la division des territoires nationaux, de la colonisation,
des concessions de terres, de leur vente ; 2° des entreprises
de colonisation par des particuliers ou par des compagnies ;
3° de l'emploi des fonds provenant de la vente de terres et de
la gratification à faire aux colons ; 4° de l'administration des
colonies ; 5° de la colonisation des terres appartenant au gouvernement des provinces.

Je me bornerai ici à citer quelques-uns des articles se
rattachant principalement au sujet que je traite :

Art. 65. — Les territoires nationaux se diviseront en
sections carrées de vingt kilomètres de côté.

Art. 67. — Chaque section se divisera en quatre cents lots
de cent hectares chaque.

Art 68. — Quatre lots seront destinés à la création d'un
village qui devra être placé au centre de la section.

Art. 72. — Chaque section sera divisée dans toute sa longueur et largeur par deux routes de cinquante mètres de large, lesquelles devront se croiser au centre du village.

Art. 73, — Les chemins vicinaux qui sépareront les lots devront avoir cinq mètres de largeur.

Art. 82. — Le pouvoir exécutif désignera les territoires à coloniser, après quoi le bureau de colonisation fera procéder à l'arpentage, division et bornage des sections, et à la construction, dans chacune d'elles, d'un édifice pour les employés de la colonie, et pouvant loger cinquante familles, au moins, et contenir les vivres nécessaires à la subsistance des colons, ainsi que leurs instruments agricoles.

Art. 88. — Les colons auront droit aux avantages suivants :

1° A l'avance du passage du point d'embarquement jusqu'à leur destination coloniale ;

2° A la livraison, à titre d'avances, d'une habitation, des vivres, durant la première année, d'animaux de travail et de production, des semences, des outils aratoires. La somme de ces avances ne devra pas dépasser mille piastres fortes (5,000 francs), et sera remboursée par annuités à partir de la troisième année.

Art. 99. — Relatif aux entreprises. — Entre section et section subdivisées et livrées à la population, il sera réservé une section (25 lieues carrées) sans être divisée, mais bornée sur ses côtés. Ces sections seront destinées :

1° A la colonisation par entreprise particulière ;

2° A la réduction des Indiens ;

3° A l'élève du bétail.

Art. 98. — Le pouvoir exécutif pourra concéder à toute compagnie ou entreprise qui en fera la demande, une des sections déterminées dans l'article précédent, sous les conditions suivantes :

1° Se soumettre à l'arpentage, subdivision au plan prescrit par la présente loi ;

2° Etablir sur la susdite section cent quarante familles agricoles pour le moins durant les deux premières années ;

3° Donner ou vendre à chaque famille un terrain de cinquante hectares pour le moins ;

3

4° Construire sur le terrain destiné à cet objet un édifice, dans les conditions déterminées par l'article 83.

5° Fournir aux colons qui en feront la demande une habitation, outils aratoires, animaux de travail et de production, semences et subsistance, durant un an au moins, ne se faisant rembourser pour ces avances que le prix coûtant, avec 1.20 0[0 de prime et un intérêt de 10 0[0 l'an, sur la totalité de la somme des avances (1).

6° N'exiger des colons le remboursement du montant de ces avances que par annuités proportionnelles à partir de la troisième année ;

7° Déposer au bureau des terres et colonies les contrats passés avec les colons, en vue d'empêcher des contraventions à la présente loi ;

8° Se soumettre aux lois, décrets et autres dispositions qui se rattachent au gouvernement, administration, colonisation du territoire ;

9° Déposer la somme de deux mille piastres fortes (10,000 fr.), ou fournir caution pour une pareille somme, à titre d'amende dans le cas d'infraction au contrat, sans préjudice de caducité dans le cas échéant.

Art. 99. — Les entreprises ou compagnies auront droit au transport des colons par le gouvernement du point de débarquement au lieu destiné à la colonie.

Art. 104. — Dans les territoires nationaux qui ne seront pas arpentés, ni livrés à la colonisation, le pouvoir exécutif pourra concéder des terrains aux entreprises qui en feront la demande, pour coloniser aux conditions suivantes :

1° Le terrain concédé à une entreprise ne pourra s'étendre au-delà de deux sections (50 lieues carrées) ayant chacune l'extension donnée par l'article 65 (25 lieues par section ; ensemble, les deux sections, 50 lieues carrées).

2° L'entreprise se soumettra à l'obligation de coloniser, conformément au plan et aux divisions prescrites par la présente loi ;

3° Elle s'obligera à introduire, pour le moins, deux cent

____

(1) Cet intérêt de dix pour cent est le chiffre généralement adopté pour les affaires commerciales dans la République Argentine.

cinquante familles agricoles pendant la durée de quatre années, à partir du jour de la signature du contrat ;

4° L'arpentage, l'exploration et la division du terrain, ainsi que toutes les autres dépenses, seront à la charge de l'entreprise, à l'exception de ceux résultant du transport des colons, du port de débarquement à la colonie, qui restent à la charge du gouvernement :

5° L'entreprise s'obligera, en outre, à se conformer aux prescriptions des paragraphes 3, 4, 5, 6, 7 et 8 de l'article 98.

Art. 105. — L'entreprise qui n'observerait pas les conditions stipulées dans le contrat de concession, paiera une amende de dix mille piastres fortes (50,000 francs). A cet effet, elle fournira caution acceptable, sans préjudice de la nullité du contrat.

La loi sur la colonisation argentine dont nous venons de citer les principaux articles, est certainement la plus libérale de toutes celles qui ont été publiées sur la matière. Elle fait de larges concessions de terres et facilite l'entreprise du colon au moyen des avances qui lui sont faites. C'est conformément aux dispositions de cette loi que le gouvernement national de la République Argentine a créé neuf colonies sur les territoires nationaux et provinciaux (1). La dépense s'est élevée à 311,707 piastres fortes (1,558,535 francs). Ce mois de juin dernier, le ministre de l'intérieur a encore présenté au congrès une demande d'une somme de un million de piastres fortes (5,000,000 de francs) pour établir quatorze nouvelles colonies.

(1) Territoires	Nom des Colonies.	Familles	Individus
Entrerios	Villa Libertad	197	982
	Général Alvear	173	923
Chaco	Resistencia	308	1.421
	Presidente Avellanda	100	774
	Formosa	13	74
Sta-Fé	Reconquista	260	1,980
	San Xavier	44	217
	Iriondo	74	216
Cordova	Caroya	190	874
	Sampacho	170	814
Chubut	Chubut	187	750
Patagonie	Santa Cruz	»	62
Buenos-Ayres	Olavarria	85	433
	Total	1,807	9,520

Selon nous, cependant, la loi argentine est un peu trop compliquée dans ses détails ; on aurait pu la réduire à moins d'articles et supprimer un certain nombre de paragraphes qui gênent l'action du gouvernement et celle des entrepreneurs pour la rédaction d'un contrat. Cette loi pèche surtout dans le mode de recrutement des colons qu'elle prend un peu trop au hasard à leur débarquement, sans connaître leurs aptitudes et leur moralité (2). Ce sera, si l'on veut, de la colonisation spontanée, tant prônée par les journaux argentins, mais la spontanéité comporte bien des inconvénients. Mieux vaudrait choisir le colon chez lui, avant son départ, lui faire connaître exactement, sans exagération, dans toute sa vérité, la situation qu'on lui offre, et traduire dans un contrat formulé d'avance les obligations réciproques de l'entreprise, et du colon, du colon et du gouvernement quand celui-ci se fait entrepreneur. Les obligations étant bien définies, il n'y aurait qu'à les remplir exactement, avec loyauté de part et d'autre. On éviterait ainsi bien des mésintelligences qui se produisent au moment et après l'installation des colons.

De grands esprits, des journaux importants de Buenos-Ayres, ont vivement critiqué cette loi et la combattent surtout au point de vue d'entreprise gouvernementale, qualifiée de colonisation officielle. Ils ont tort et ils ont raison. Ils ont tort de reprocher au gouvernement d'avoir entrepris lui-même l'opération de colonisation. Cette initiative était nécessaire pour démontrer la possibilité de son exécution et surtout pour donner l'impulsion, en appliquant à ce genre d'opérations le capital nécessaire que l'entreprise particulière ne possédait pas. Ils ont raison quand ils conseillent au gouvernement de ne pas descendre au rôle d'entrepreneur, et de laisser aux grandes compagnies, ou sociétés industrielles et financières, l'œuvre de la colonisation argentine, et celle des chemins de fer ; et de rester dans sa haute mission de traiter, de faire des conces-

---

(2) Le mois de juillet dernier (1882) un entrepreneur Italien, M. Picasso, a proposé au gouvernement argentin de transporter dans la République Argentine 500,000 émigrants européens, dont 300,000 pris dans les pays du nord de l'Europe, et 200,000 dans le pays du sud. Il emploierait de grands vapeurs propres à cette classe de transport. Nous ignorons la réponse qu'aura faite le gouvernement.

sion's ou d'accorder des subventions, suivant les circonstances
et la convenance des intérêts du pays. Les gouvernements ne
visent pas la spéculation, ils bornent leur action à l'exécution
d'une œuvre d'intérêt public ; pendant que les grandes sociétés ou compagnies d'entreprise, ayant pour objet la plus grande
production possible, c'est-à-dire le gain le plus élevé, appli-
quent à l'exécution de l'œuvre tous les capitaux nécessaires,
les engins les plus puissants, les hommes les plus habiles. Ce
sont elles qui ont produit ces œuvres colossales qui font l'admiration du monde, la construction des chemins de fer, des
télégraphes électriques, le percement des isthmes . . . . . .

. . . .

C'est frappé d'admiration pour ce phénomène qui se repro-
duit tous les jours, que nous venons aujourd'hui proposer le
même procédé pour l'exécution de cette autre grande œuvre
d'économie sociale, l'extinction du paupérisme agricole européen par la colonisation dans la République Argentine, procédé
que nous allons exposer dans le chapitre qui suit.

SYSTÈME DE COLONISATION ORGANISÉE
Agricole et industrielle à production élevée.

Dans toute colonisation, trois éléments concourent à l'opération : 1° la terre, ou sol à élaborer ; — 2° le travail, qui élabore ;
— 3° le capital, c'est-à-dire l'outillage nécessaire au travail
pour obtenir la production. Nous traduisons ces trois éléments
par la formule suivante : terre $+$ travail $+$ capital, $=$ production. Maintenant si nous voulions élever le chiffre de la
résultante production, à un plus haut degré de puissance qui
est le résultat à chercher, il nous suffira d'élever la puissance
des facteurs par cette autre formule (terre $+$ travail $+$ capital)^m $=$ production^m — élevée à sa plus haute puissance.
C'est-à-dire *terre concédée*, acquérant une valeur croissante à
côté d'une voie ferrée et dont la culture est accompagnée de
l'industrie si productive de l'élève du bétail, établie sur une
grande échelle. *Capital anonyme*, agent le plus élastique, le plus
puissant de l'industrie ; — *travailleur de la terre*, choisi seulement dans la population agricole, parce que celle-ci comporte

plus de vigueur de corps, plus d'esprit d'ordre, plus de moralité, plus d'aptitude pour le travail de la terre et l'élève du bétail.

La formule, telle que nous venons de l'établir, va être le pivot sur lequel roulera notre système de colonisation à production élevée.

PREMIER FACTEUR

Terre à côté de chemins de fer, concédés par le gouvernement, ayant pour agent le gouvernement.

La concession de la terre n'est pas une condition onéreuse pour le gouvernement national qui a sous sa main 47,000 lieues carrées appartenant à l'Etat : ni pour les gouvernements des provinces qui possèdent d'immenses espaces de sol incultivé. Au contraire, les uns et les autres ont un grand intérêt à livrer ce terrain au travail du cultivateur pour lui faire acquérir de la valeur et accroître ainsi la richesse du pays. Toutefois, une condition essentielle s'impose dans toute œuvre de colonisation, et qu'il est de toute nécessité dé remplir, si on veut les voir prospérer ; c'est que les colonies aient des rapports faciles avec de grandes cités commerciales et des ports de mer, par où doivent s'écouler leurs produits agricoles ; en conséquence, elles doivent se fonder non loin des fleuves navigables, comme dans la province de Santa-Fé, ou le long des chemins de fer. Or, les provinces de l'ouest de la République Argentine, ni le territoire national des Pampes qui leur est adjacent, ne possèdent pas de fleuve navigable. Il sera donc indispensable d'y créer des chemins de fer, si l'on veut fonder des colonies dans ces contrées (1). En attendant

____

(1) Depuis la publication de mon travail à Buenos-Ayres, il y a un an, le gouvernement de Santa Fé, qui occupe toujours la tête du mouvement de la colonisation, s'est emparé de mon idée, et le mois d'octobre dernier, il passait un contrat avec M. Calsado, chargé, à cet effet, de fonder une société anonyme pour la construction d'un chemin de fer colonial de Rosario à Candelaria; et le 3 juillet dernier (1882), il est venu demander au congrès, avec l'assentiment du gouvernement national, une loi de garantie d'un 7 pour cent pour le capital nécessaire à la construction de cette voie ferrée. Ce chiffre de garantie est généralement adopté par le gouvernement argentin pour les constructions des chemins de fer.

la construction des voies ferrées sur les territoires nationaux, le chemin de fer de l'ouest de Villa-Nueva à Mendosa, qui est aujourd'hui en circulation, pourrait permettre la fondation d'un certain nombre de colonies; car, sur un parcours de cent trente lieues du Rio-Cuarto à Mendosa, on rencontre à peine une dizaine de centres de population.

Mais le chemin de fer qui est appelé à jouer le plus grand rôle économique et politique, pour la prospérité des provinces du centre et de l'ouest de la République, c'est sans contredit le chemin de fer central des Pámpas, qui reliera ces dernières provinces aux deux plus grands ports argentins sur l'Océan Atlantique, les ports de Saint-Antoine et de Bahia-Blanca, mettant ainsi une population industrieuse et commerçante de 400,000 âmes, en rapport direct et rapide avec le commerce étranger. Le chemin de fer central de la Pampa aura un autre grand avantage, celui de rendre possible et facile la colonisation du vaste territoire des Pampas de dix mille lieues carrées de superficie, de cette immense plaine herbacée qui fait suite à la Pampa de la province de Buenos-Ayres, et s'étend jusqu'aux pieds des Cordillières ; que les Indiens avaient choisie pour résidence à cause de sa fertilité et de son climat tempéré, et que le gouvernement national doit s'empresser de livrer aujourd'hui au travail producteur du cultivateur et de l'éleveur de bétail, en y créant des centres de population, destinés à devenir prospères et à accroître la richesse du pays, centres de population autour desquels viendront s'établir de nombreux éleveurs de bétail.

La distance entre la ville de Mercedes (province de San-Luis) point de départ du chemin de fer Pampéen et le port de Saint-Antoine où il devra aboutir, peut être calculée à 170 lieues ; celle de l'embranchement de Poytagué à Bahia Blanca à 40 lieues et celle du Port Saint-Antoine à la vallée de Rio-Négro de 11 lieues (1), 30 milles (140 kilomètres) d'après le ca-

(1) La vallée de Rio-Négro, cet autre Nil de l'Amérique du Sud, s'étend à partir de l'Océan Atlantique du Sud est vers le Nord-Ouest, entre le 39° et le 41° degrés de latitude sud, jusqu'à la confluence des deux fleuves Limay et Neuquen, à environ 170 lieues de la mer. Cette vallée qui tantôt se rétrécit et tantôt s'élargit jusqu'à la distance de 2 à 6 lieues de largeur, est couverte d'une végétation splendide : la vigne,

pitaine anglais Fitz Roy. Il y a donc dans les Pampas un vaste champ ouvert à la colonisation et à l'industrie si productive de l'élève du bétail qui a enrichi et enrichira encore davantage à l'avenir les nombreux éleveurs de la province de Buenos-Ayres. En mettant une distance de dix lieues, d'axe à axe entre ces colonies, et en intercalant celle du côté opposé, de manière à former des stations de cinq lieues de distance, il reste un terrain intermédiaire de six lieues sur chaque côté de la voie appartenant au gouvernement qui en disposera comme il l'entendra.

L'article 104 de la loi sur la colonisation argentine suffirait au besoin au gouvernement pour passer un contrat avec une entreprise. Toutefois, pour mieux coordonner notre système de colonisation avec la loi, nous préférerions qu'il fût ajouté à cette loi un chapitre viii spécial, avec le titre suivant : *Des colonies à établir le long des chemins de fer*. Les quelques articles suivants suffiraient pour la rédaction de ce chapitre.

CHAPITRE VIII

Colonisation le long des chemins de fer dans les territoires nationaux.

Art. 128. — Etant de toute nécessité de peupler les territoires nationaux, surtout les lieux où doivent se construire les chemins de fer, le Pouvoir Exécutif est autorisé à passer des

le blé et toutes les céréales y prospèrent et des prairies à herbages vigoureux couvrent ce terrain d'alluvion déposé chaque année par les crues des eaux du grand fleuve, le Rio-Negro, formé par les deux grandes rivières le Limay et le Neuquen.

L'ingénieur français, M. Ebelot, parlant de cette vallée dans un rapport adressé au gouverneur Barros, s'exprime ainsi :

« La vallée du Rio-Negro court entre deux lignes de coteaux paral-
» lèles ; lesquels, tantôt se rapprochent jusqu'à former un détroit, tan-
» tôt s'éloignent à deux lieues du lit du fleuve, et la vallée alors se
« présente sous l'aspect d'une prairie ondulée dont le sol formé de ma-
« tériaux d'alluvion est d'une grande fertilité.

— Les explorateurs du fleuve Rio-Negro, Delcalsi en 1833, les colonels Obligado et Guerrico tout récemment, ont confirmé cette assertion. 2,700 habitants occupant l'entrée de cette vallée, s'étendant à trente lieues vers l'Ouest jusque vis-à-vis le port St-Antoine, situé à 11 lieues au Sud de ce point.

contrats avec des entrepreneurs de chemins de fer et de colonisation, les deux opérations réunies ou séparées, aux conditions suivantes :

1° Les colonies seront établies le long des voies ferrées sur un seul, ou sur les deux côtés de la voie;

2° Dans ce dernier cas, les colonies seront distantes l'une de l'autre de dix lieues d'axe à axe du terrain colonial faisant face au chemin de fer par son front de quatre lieues de largeur, de manière qu'une colonie ayant quatre lieues de front, il reste un terrain de six lieues d'intervalle appartenant à l'Etat. Même disposition pour le côté opposé, à la condition d'intercaler les colonies en face du terrain d'Etat, et permettre ainsi d'établir des stations à cinq lieues d'intervalle l'une de l'autre. (Voir la disposition des colonies dans la carte.)

3° Dans le cas où les terrains ne seraient pas propres à la colonisation à cause de leur infertilité ou insalubrité, on prolongera la distance d'une colonie à l'autre, jusqu'à trouver un terrain favorable.

Art. 129. — Le Pouvoir Exécutif est autorisé à concéder des terrains aux entrepreneurs de colonisation avec les conditions suivantes :

1° Vingt lieues carrées de terrain dont quatre faisant face au chemin de fer et cinq de profondeur pour chaque groupe de quarante à quatre-vingts familles, composées de cinq personnes, au moins, âgées de dix ans,

2° Dix lieues carrées pour chaque groupe de vingt à quarante familles.

3° Cinq lieues carrées pour chaque groupe de dix à vingt familles.

Art. 130. — Dans chaque terrain colonial concédé. le gouvernement réserve une lieue carrée, adjacente à la voie ferrée, pour être affectée au service du chemin de fer et à l'établissement d'une station. Ce terrain devant être concédé à l'entreprise du chemin de fer.

Quant au chemin de fer central de la Pampa, de Mercedès (San-Luis), ville de six mille âmes, au port de mer de Saint-Antoine, et de Bahia-Blanca, chemin dont la prospérité, dans l'avenir, ne peut être douteuse, il devrait se combiner avec l'entreprise de colonisation à laquelle il prêtera un puis-

sant concours. Les grands bénéfices, que procurera celle-ci,
pourraient compenser, durant les premières années, les bénéfices moindres de celle-là. Dans tous les cas, on peut compter
sur une garantie de sept pour cent, pour le capital employé,
qu'en principe, le gouvernement argentin accorde à cette
classe d'entreprises. Si nous ajoutons à ce chiffre de garantie
d'intérêt une lieue carrée par colonie pour chaque station, soit
environ cent trente-cinq lieues carrées, sur toute la longueur
du chemin de fer, terrain qui, vendu plus tard en détail, acquerra
une grande valeur, par le fait de sa situation, on peut cal-
culer qu'à ces conditions le produit de l'opération sera gran-
dement rémunérateur.

Art. 131. — Chaque terrain colonial sera divisé en son
milieu, faisant face au chemin de fer, par une ligne de deux
cuadres de largeur (260 mètres), et de cinq lieues de profondeur. Une seconde ligne de cinquante mètres de largeur
coupera en travers dans son milieu le terrain concédé ;

Art. 132. — L'arpentage du susdit terrain sera fait par deux
géomètres, un représentant l'entreprise de colonisation, l'autre
le bureau central des terres ;

Art. 133. — Restent à la charge des entreprises de colonisation toutes les obligations relatives aux colons, savoir :

1° Le passage d'Europe à un port argentin ; le gouvernement
argentin prenant à sa charge le transport du port de débarquement à la destination coloniale, conformément à l'article 99
de la loi ;

2° Les avances à faire aux colons, savoir : maison d'habitation, vivres pour une année, semences, instruments de travail,
animaux de labour et de production, conformément à l'article
98, dont la quantité et la valeur seront déterminées dans les
contrats passés avec les colons ;

Art. 134. — Les entreprises de colonisation joindront à leur
demande de concession de terres une copie des contrats passés
ou à passer avec les colons, pour être approuvés par le gouvernement argentin ; une copie de leurs statuts pour les sociétés
anonymes ou de leur constitution pour les sociétés en commandite, ou autres.

Art. 135. — Pour assurer l'accomplissement de leurs obligations, les entreprises déposeront à une banque de Buenos-

Ayres la somme de 2,000 piastres fortes (10,000 francs) ou bien une caution pour pareille somme, acceptée par le gouvernement sans préjudice de la caducité du contrat, s'il y avait lieu ;

Art. 136. — Les autorités civiles, de police et militaires, établies dans les colonies, seront sous la dépendance du gouvernement national.

Art. 137. — Le gouvernement reste chargé de l'établissement des services publics, religieux, judiciaires et d'instruction primaire dans les colonies ;

Art. 138. — Un sept pour cent de garantie du capital employé à la construction des chemins de fer dans les territoires nationaux, sera accordé par le gouvernement aux entrepreneurs, soit que la construction se fasse séparément ou conjointement avec l'entreprise coloniale.

Les frais de construction du chemin de fer ne seront pas relativement considérables, si l'on considère que cette construction se fera sur un pays de plaine où le bois abonde, ce qui n'existe pas dans la Pampa, de Buenos-Ayres. Les études préparatoires prouveront que l'entreprise est de facile exécution et d'une grande importance par les résultats qu'elle est appelée à produire. Je puis affirmer qu'une grande partie des actions pour ront se placer à Buenos-Ayres, où existent de grands capitaux et que leur négociation à la Bourse de cette ville ouvrira un vaste champ à la spéculation.

Nous terminons ici nos explications sur le facteur *terre* et son satellite le chemin de fer, qui élève sa puissance. C'est le premier terme de notre formule. Nous allons passer à l'exposition du deuxième facteur, le *capital*, élément qui, jusqu'à ce jour, a été négligé et appliqué en grande disproportion dans les opérations de colonisation, et qui, élevé à sa puissance dans notre système, est appelé à produire des résultats incalculables, en permettant d'ajouter au produit agricole du colon le produit si considérable de l'industrie de l'élève du bétail, facile à faire sur une grande échelle dans ces plaines herbacées à grands espaces, où les contenances des domaines s'expriment par lieues carrées, et les têtes de bétail de production par milliers ; où l'industrie de l'élève du bétail se pratique sans frais de préparation de fourrages, ni de construction d'étables, les animaux se nourissant et vivant

toujours dehors ; industrie qui donne, en général, un produit
net de 33 0/0, les frais déduits ; et qui, dans notre système,
rapportera bien davantage, le travailleur agricole, concourant
à l'opération, étant chargé de cette partie de travail et des
soins à donner à cette industrie.

DEUXIÈME FACTEUR

Le Capital, ayant pour agent une Société anonyme ou en commandite.

Le travail de l'homme, appliqué à la culture du sol, réduit
aux seuls efforts de ses bras serait improductif, ou bien peu
productif, s'il ne s'aidait d'instruments, d'outils, de machines,
propres à accroître la production : ces instruments de travail
sont surtout indispensables au cultivateur-colon, à qui on
livre un vaste domaine de cinquante hectares à exploiter. Ces
instruments, ces outils, ces machines, constituent ce qu'on
appelle *le matériel agricole*, autrement dit *l'outillage du
cultivateur*. Cet outillage représente une valeur que l'on
désigne sous le nom de *Capital mobilier*. Or, le cultivateur
qui émigre, le cultivateur pauvre surtout, celui au sort duquel
nous nous intéressons, n'emporte pas avec lui ce capital
mobilier, ni même l'argent pour se le procurer. Il est donc
indispensable de le lui fournir. C'est ce que nous faisons
dans notre système de colonisation, sous le titre d'avances
remboursables à des époques déterminées assez éloignées.

A ce capital, représenté par l'outillage, nous ajoutons
d'autres objets de première nécessité, tels que l'abri ou habitation, les semences, la subsistance, durant la première année
en attendant la récolte... L'ensemble de ces dépenses, nous en
évaluons la valeur à 2,500 francs. L'article 88, paragraphe 2
de la loi sur la colonisation, élève le chiffre de ces avances
à 5.000 francs (mille piastres fortes), mais il y comprend le
bétail de travail, que nous rapportons à une autre catégorie
d'avances, sous le titre de cheptel. Ces avances, nous les
classons sous la dénomination d'avances improductives,
parce que, sauf l'intérêt de dix pour cent prescrit par le paragraphe 5 de l'article 93, elles ne produisent aucun bénéfice à

l'entreprise de colonisation, et nous classons, sous le titre d'avances productives, celles qui se rattachent à l'industrie de l'élève du bétail, dont le produit est partagé entre le colon et l'entreprise. Cette seconde catégorie d'avances, dite productive, comprend 500 brebis, 20 vaches, 5 juments ; elle est destinée à augmenter la production au profit du colon et de l'entreprise, sous le titre de cheptel.

C'est la première fois, à notre connaissance, que cette industrie est ajoutée à l'industrie agricole du colon. Nous verrons, plus loin, dans nos tableaux de calcul des produits, les grands bénéfices qu'elle rapporte à l'entreprise ; ce qui nous autorise à donner à notre système de colonisation, celui de *système de colonisation organisée à production élevée.* Nous évaluons le chiffre de la valeur des avances de cette seconde catégorie à faire au colon à 5,500 francs. à 8,000 francs pour chaque famille, y comprenant les 2,500 francs de la première catégorie, et à 9,500 francs si nous ajoutons les 1,500 francs, montant du passage des cinq membres de la famille du colon. Le transport du port de débarquement à la colonie restant pour le compte du gouvernement (article 104, paragraphe 4 de la loi sur la colonisation). — La somme des avances s'élevant ainsi à 9,500 francs pour chaque famille, celle de quarante familles, formant une colonie, s'élèverait à 380,000 francs, et à 430,000 avec le magasin commercial à établir dans chaque colonie. Ce capital 380,000 francs, remboursable après cinq ans, sera hypothéqué sur les biens, meubles et immeubles du colon, et garanti, en outre, par les vingt lieues carrées concédées par le gouvernement pour chaque colonie.

Quant au capital total à employer à l'entreprise de colonisation, nous proposorons do l'élover à sept millions cinq cent mille francs pour l'établissement de quinze colonies en cinq ans, trois chaque année, soit 1,500,000 francs pour chaque année. Les quinze colonies pourraient être établies le long de la voie ferrée de l'ouest, entre le Rio-Quarto et la ville de Mendosa, sur une étendue de cent dix lieues, ligne sur laquelle on rencontre à peine dix centres de population.

Le capital de sept millions cinq cent mille francs pourrait

être réalisé par une société anony.ne, moyennant une émission de 15,000 actions de 500 francs chacune, payable par annuités de cent francs, soit 1,500,000 francs, destinés à l'établissement de trois colonies par an, durant cinq ans, et quinze colonies en cinq ans, avec le capital 7,500,000 fr.

Dans tous les cas, aucun appel de fonds ne serait fait qu'après réalisation des contrats de concession de terres qui restent à notre charge, et pour l'obtention desquels les dispositions nécessaires sont déjà prises par nous, auprès du gouvernement national et provincial de la République Argentine.

Construction de chemins de fer avec colonisation dans les territoires nationaux

Cette classe d'opérations est bien plus importante que celle de la simple colonisation dont nous venons de parler. Elle exige aussi l'emploi d'un capital plus élevé .Mais comme, d'autre part, on ne peut faire de la colonisation dans les vastes territoires de la République Argentine sans chemins de fer, ni des chemins de fer sans colonisation au travers de déserts, dépourvus de population, si fertiles, si beaux qu'ils soient, la simultanéité de ces deux opérations s'impose. Aussi est-ce sous ce point de vue que je vais les traiter.

Tout chemin de fer doit avoir pour objet l'utilité : autrement dit de donner satisfaction aux intérêts économiques du pays qu'il relie ou qu'il traverse : c'est-à-dire de développer son mouvement commercial, industriel, agricole, et accroître ainsi sa richesse, sa prospérité, sa puissance nationale ; or, le chemin de fer qui est en première ligne appelé à produire ces résultats, c'est, sans contre-dit, le chemin de fer central du territoire de la Pampa, devant relier les deux grands ports de mer de Saint-Antoine et de Bahia-Blanca aux provinces de l'Ouest de la République. (Voir la carte ci-jointe à la fin de la brochure.) Cette œuvre, d'un haut intérêt, pour cette contrée, le gouvernement argentin devrait, sans retard, mettre à l'étude cette question et s'imposer tous les sacrifices nécessaires pour son exécution. Le pays et les générations futures lui en seront reconnaissants.

Le chemin de fer central de la Pampa comprend la ligne qui, partant de Mercedes, ville de la province de Saint-Louis, se dirigerait vers le sud pour aboutir au grand port de Saint-Antoine, sur l'Océan atlantique. Un embranchement, partant de Poitagué, relierait ce chemin de fer au port de Bahia-Blanca. Pris en totalité, ce chemin de fer aurait une étendue de 175 lieues, entre Mercedes et le port Saint-Antoine, et de 215 en ajoutant les 40 lieues de distance de Poitagué à Bahia-Blanca pour l'embranchement. Ces 215 lieues à 300,000 francs la lieue (1) porteraient la dépense à 64,500,000 fr., et à 72,000,000 de fr. en ajoutant les 7,500,000 pour la colonisation.

Toutefois, cette grande ligne pourrait être entreprise partiellement, par tronçons, de la manière suivante :

1° Ligne de Mercedes à Bahia-Blanca (2), longueur 110 lieues, à 300,000 fr. la lieue . . . . 33,000,000 fr.

      Pour la colonisation   7,500,000

              Total . . . . .   40,500,000 fr.

---

(1) Le chiffre de 300,000 francs est la moyenne de la dépense dans la construction du chemin de fer que le gouvernement national fait construire entre Mercede et Mendosa. A mon avis, ce chiffre de dépenses pourrait être réduit, le terrain de la Pampa offrant les conditions les plus faciles pour la construction des voies ferrées et peu de difficultés, sauf les deux Ponts à construire sur le Rio Cotorado et le Rio Negro, dont on pourrait réserver la construction pour le compte de l'Etat.

(2) Nous donnons ici des distances approximatives à quelques lieues près, à défaut d'une étude exacte des distances qui n'a pas encore été faite dans cette contrée récemment conquise sur les Indiens. Le chiffre des distances que nous donnons a été calculé sur les rapports fournis par les chefs de détachement de l'armée expéditionnaire de l'année 1879. Ces rapports, insérés dans le grand ouvrage (itinéraire de la Pampa et du Rio Negro) du colonel Oloscoaga, chef du bureau topographique de l'expédition, donnent, outre les distances parcourues, un aperçu géographique de cette magnifique contrée, parsemée de lacs et de bouquets de grands arbres, qui n'existent pas dans la Pampa nue de Buenos-Ayres. Condition heureuse pour une entreprise de chemins de fer qui trouverait ainsi sur les lieux le bois nécessaire à la construction d'une voie ferrée sur une plaine peu accidentée où les terrassements sont faciles à exécuter.

Je dois mentionner aussi les précieux renseignements que m'ont fournis deux excellents amis, le commandant Alsogaray et le docteur Astrié.

Le premier a parcouru avec son détachement la ligne entière de Mercedes à Poitagué et de là quarante lieues plus loin jusqu'au paso del Noque de la grande rivière le Chalideobu, continuation du Rio Salado. Le docteur Astrié, Français, du département de l'Ariége, a par-

2° Tronçon de Mercedes à Poitagué, longueur 70 lieues à 300,000 fr. la lieue . . . .   21,000,000 fr.

      Pour la colonisation   7,500,000

           Total . . . . .   28,500,000 fr.

3° Tronçon de Mercedes au territoire national de la Pampa, longueur 30 lieues, à 300,000 fr. la lieue . .   9,000,000 fr.

      Pour la colonisation   7,500,000

           Total . . . . .   16,500,000 fr.

4° Tronçon du port Saint-Antoine, à la vallée du Rio–Negro, longueur 11 lieues, à 300,000 fr. la lieue . .   3.300,000 fr.

      Pour la colonisation   7,500,000

           Total . . . . .   10,800,000 fr.

Le chemin de fer du port Saint-Antoine à la vallée du Rio-Negro serait le moins coûteux et celui qui offrirait le plus vaste champ d'exploitation pour la colonisation d'une vallée fertile d'une longueur de 150 lieues sur une à six de largeur, avec un fleuve navigable sur toute son étendue et voisine d'un port de mer appelé à devenir le plus grand port de la contrée. En outre, le chemin de fer du port Saint-Antoine au Rio–Negro monopolisera plus tard, par sa jonction avec le Central de la Pampa, les transports de la Pampa et des provinces argentines de l'ouest.

Toutes ces diverses entreprises ouvrent aujourd'hui un vaste champ d'exploitation à la spéculation ; toutes donneront de grands résultats. Mais c'est la colonisation fondée sur les bases de notre système qui les produira aux trois quarts. Que les capitalistes et les hommes d'entreprises sachent bien que les nombreuses et grandes fortunes acquises dans les Etats-Unis de l'Amérique du Nord, sont dues, en général, aux

---

couru comme médecin du corps du général Uriburu, toute la ligne qui s'étend au bas des Cordillères, entre le Rio-Neuquen au Sud et Mendosa au Nord, cent lieues environ. Le docteur Astrié, par son noble caractère, ses connaissances scientifiques, son généreux dévouement pour ses compatriotes, honore le nom français dans ces contrées. Je lui devais ici une manifestation de ma profonde et sympathique estime. Le docteur Astrié réside à Mercedes. Il est aujourd'hui médecin en chef du corps d'armée de l'Ouest.

spéculations sur la terre. Les immenses fortunes créées dans la Californie ont eu pour origine, moins les mines d'or qui ne tardèrent pas à s'épuiser, que les opérations sur la terre achetée d'abord à vil prix et vendue, plus tard, pour des sommes énormes, le jour où l'immigration se répandit dans le désert et qu'un chemin de fer vint y donner la vie et répandre le mouvement. Pareil résultat est réservé dans la République Argentine aux entreprises de colonisation fondées sur de bonnes bases et combinées de manière à donner la production la plus élevée possible, jointes ou non aux opérations de chemins de fer. Nul ne peut en douter. Je dis plus, c'est que ce pays est aujourd'hui l'unique au monde qui offre les conditions les plus favorables pour ce genre d'entreprise.

CRÉATION DU CAPITAL.

Le capital, outillage agricole du travail du colon, étant indispensable à celui-ci pour obtenir une plus grande production possible, nous avons dû le comprendre dans notre système, comme agent nécessaire de l'opération de colonisation.

On a cru longtemps, et des personnes croient encore aujourd'hui, qu'il suffisait de faire une large concession de terres au colon et de lui accorder quelques mesquines avances pour lui faciliter ce genre d'entreprises. L'expérience a démontré le peu de résultat que ces opérations donnaient. Si l'on veut que le colon produise tout ce que son travail peut produire, il faut mettre sous sa main un outillage complet. C'est ce que nous faisons aujourd'hui dans notre système de colonisation. — Outre les cinquante hectares concédés, nous lui faisons les avances suivantes : le passage d'Europe à l'Amérique du Sud, — une habitation, — la subsistance de la famille durant la première année, — les semences, — les outils et instruments de travail, les animaux de labour, — et nous ajoutons à l'industrie agricole du colon, l'industrie productive de l'élève du bétail. Le tout évalué à neuf mille cinq cents francs, remboursables après cinq ans.

Soit donc, neuf mille cinq cents francs, la somme à dépenser

pour l'établissement de chaque famille agricole, composée
de cinq personnes au-dessus de dix ans, à. . 9,500 fr.

Le capital à employer pour une colonie de
quarante familles s'élèverait à. 380,000

Plus cent vingt mille pour magasin commercial, frais d'administration et réserve. . . . 120,000

soit. 500,000

En limitant l'opération à trois colonies par
an, la dépense s'élèverait, par an, à. 1,500,000

Et à sept millions cinq cent mille francs celle
de 15 colonies, durant une période de cinq
ans, à . , ... , ... 7,500,000

Ce capital, étant remboursable par le colon après la
cinquième année, peut se réappliquer à une seconde période
quinquennale pour l'établissement de quinze nouvelles colonies. Voilà pourquoi, dans notre système de construction de
chemins de fer coloniaux, nous ne comprenons que le chiffre
de 7,500,000 francs pour les colonies à établir le long des
divers chemins de fer à construire. C'est donc un capital de
7,500,000 fr. qu'il s'agit de créer.

Or, comme l'institution d'une société anonyme se prête
mieux à la création de capitaux, nous avons adopté ce moyen,
et nous conseillons de fixer le capital de l'émission à 7,500,000
francs, à réaliser par une émission de 15,000 actions
de 500 francs chaque. — Mais comme le capital 7,500,000
francs ne doit s'employer que durant le cours d'une période de cinq années pour l'établissement de 15 colonies,
trois colonies par an, soit 1,500,000 francs par an, nous divi-
sons le paiement de l'action 500 francs en cinq coupons ou
cinq annuités de 100 francs, à verser par an durant cinq
ans. Ainsi, le capitaliste qui prendrait les 15,000 actions,
n'aurait à payer, durant cinq ans, qu'une annuité de 1,500,000
francs. — Nous verrons, plus loin, les gros bénéfices que ce
capital rapporte dans les conditions établies par nous. Ce dont
le lecteur pourra se convaincre.

Soit donc, capital social . . . . 7,500,000 fr.
à employer pour l'établissement de 15 colonies
en cinq ans.

Chiffre de l'émission, actions de 500 fr. . . 15,000
à payer en cinq ans, par annuités, soit 100 fr.

Emploi annuel du capital pour fondation de
trois colonies. 1,500,000

Emploi, durant cinq ans, pour fondation de
15 colonies. 7,500,000 (1)

Garantie du capital. — Ce capital est garanti : 1° par une hypothèque sur tous les biens meubles et immeubles concédés au colon ; 2° par les 300 lieues carrées concédées à l'entreprise, par les gouvernements national ou provinciaux, 20 lieues par colonie (300 lieues pour 15 colonies), dont la valeur augmentera par le fait de la création d'un centre de population.

Mais, me dira-t-on, le colon pourra-t-il payer le dix pour cent par an et rembourser le capital de 11,400 francs, y compris la prime 1,900 francs, prescrite par la loi sur la colonisation ? Ce doute n'est pas permis, en présence de la grande situation qui est faite au colon, possesseur, à cette époque, d'un domaine de cinquante hectares, d'une maison, d'un outillage agricole, d'un nombreux troupeau de bétail de plus de trois mille brebis, d'une centaine de vaches. Le troupeau seul suffirait pour opérer le remboursement. Ne nous préoccupons pas de cela, le colon saura bien trouver, dans ses économies accumulées, le capital du remboursement et ne se laissera pas exproprier d'un domaine dont la valeur dépassera le chiffre de la dette. Et d'ailleurs, y aurait-il retard dans le remboursement, les vingt lieues carrées concédées à l'entreprise ne sont-elles pas une garantie suffisante pour une créance de cinq-cent mille francs par colonie (2).

(1) Voir. page 35, l'emploi de ce capital.

(2) « En décembre dernier, 1881, on a vendu pour 20,000 piastres « fortes (100,000 francs) une lieue carrée de terrain, à Juarer, village « situé à cent lieues au sud de la ville de Buenos-Ayres » Ce terrain n'aurait pas trouvé d'acheteurs à 1,000 piastres avant la fondation du village, il y a vingt ans. (*National de Buenos-Ayres*, du 22 décembre 1881.)

TROISIÈME FACTEUR

Le travail, ayant pour agent, le colon chef de la famille agricole.

Le troisième facteur dans l'œuvre de colonisation des territoire nationaux de la République argentine, c'est le travail du colon, chef de famille agricole. C'est le cultivateur qui apporte à l'exécution de l'œuvre son plus puissant levier, le travail de la terre; c'est lui qui fait surgir du sol les merveilles de la production et transforme les déserts en centres de production, en foyer de richesse, de lumière et de civilisation. Dans notre combinaison, c'est le travail du colon qui fait la richesse du gouvernement, celle de l'entrepreneur capitaliste et la sienne propre; le concours du gouvernement, celui de l'entrepreneur, n'ayant d'autre objet que celui de préparer, de faciliter, les moyens d'exécution, de favoriser le travail agricole et de lui permettre de se développer avec toute sa puissance. Cet agent du travail agricole, le colon, n'existe pas dans l'Amérique du Sud, où l'homme s'est livré à l'industrie bien plus productive de l'élève du bétail. Il est donc de toute nécessité d'aller le chercher là où il se trouve, c'est-à-dire en Europe, où la population agricole est nombreuse, trop serrée, trop compacte.

Mais le travailleur de la terre, si pauvre qu'il soit, n'émigre pas. Ignorant s'il existe d'autres régions plus favorables à son industrie, il continue à vivre pauvrement dans le village où il est né, où vivent à côté de lui des parents, des amis. Et lorsqu'on voudra le faire sortir de son engouement et de sa misère, pour l'élever à une situation meilleure, il faudra aller à lui, l'instruire, l'éclairer, le renseigner, lui faire connaître toutes les faces de l'entreprise qu'on lui propose, et les conditions favorables qui lui sont accordées pour améliorer sa position, et le placer sur la voie de la fortune. Il devra être éclairé, non avec des tableaux exagérés et trompeurs et des promesses illusoires, mais bien en lui exposant clairement, loyalement, dans toute sa vérité, la nouvelle situation qui lui a été préparée, afin qu'il puisse entreprendre avec connaissance et résolution, l'opération qu'on lui propose, consigner, enfin, dans un contrat, les obligations réciproques du cultivateur-colon et de l'entreprise, et les remplir comme le feraient deux hommes sérieux et honnêtes, sans nécessité de l'intervention des tribunaux.

De son côté, le travailleur agricole devant apporter à l'opératiou de colonisation son travail élevé à une haute puissance, devra être choisi parmi les cultivateurs des campagnes, connus par leurs habitudes d'ordre, de travail et de moralité, et non pas le prendre au hasard, comme cela se pratique dans la colonisation par l'émigration spontanée, qui permet ainsi l'introduction dans les colonies d'éléments divers, impropres à l'espèce de travail qu'elles comportent, sans activité, ni intelligence, et, quelquefois, promoteurs de désordre dans les colonies.

Pour obtenir cet agent précieux de la colonisation, le bon, le laborieux cultivateur, si pauvre qu'il soit, il sera nécessaire d'établir une agence de recrutement sous la direction d'un homme intéressé au succès de l'entreprise et chargé, sous sa responsabilité, de créer en Europe, les sous-agences nécessaires. Le directeur du bureau de recrutement devra, en outre, être chargé des opérations de transport d'Europe en Amérique, opérations qui se lient, sous bien des rapports, avec celles du recrutement. L'ordre et la plus grande exactitude devront être apportés dans le mouvement de ces transports.

Un directeur des colonies devra également être établi dans la contrée où se fonderont les colonies pour diriger sur les lieux et surveiller les opérations coloniales, exécuter et faire exécuter les obligations contractées. Un agent colonial, dans chaque colonie, sera chargé de la direction du magasin commercial et de la surveillance de la colonie. Cet agent sera placé sous la surveillance et le contrôle du directeur des colonies.

Un agent général représentera l'entreprise dans la ville de Buenos-Ayres, capitale de la République Argentine.

COMBINAISON DE L'OPÉRATION.

Notre système de colonisation repose, comme on le voit, sur la coopération de trois facteurs : 1° terre ayant pour agent le gouvernement argentin qui la concède ; 2° capital ou outillage du travail ayant pour agent l'entrepreneur capitaliste ; 3° le travail ayant pour agent le colon, père de famille agricole, qui l'apporte. C'est donc une opération coopérative, non pas dans le sens des utopistes socialistes qui préconisent la coopération individuelle organisée, mais bien dans le sens que la nature indique, celui de la coopération de trois forces distinctes l'une de l'autre, de trois agents indépendants qui s'associent librement pour l'exécution d'une œuvre dont le produit doit être partagé entre eux. Ce genre de coopération rentre dans le cercle des principes économiques.

La loi argentine sur la colonisation est conçue aussi sur la coopération de ces trois agents ; seulement, ici, le gouvernement fournit les deux facteurs *terre* et *capital* et le colon le *travail* ; c'est-à-dire, que le gouvernement prend à sa charge l'action des deux premiers agents, gouvernement et entrepreneur capitaliste, pendant qu'il devrait rester dans son vrai rôle d'agent gouvernemental. Ce système a été qualifié de colonisation officielle, que condamnent des économistes éminents argentins. Notre combinaison, en réduisant l'action gouvernementale à son uniqne et véritable rôle, consiste donc dans l'application de la formule suivante, établie par nous, comme axiome fondamental de la science économique : Terre $+$ travail $+$ capital (m) $=$ production (m). C'est-à-dire, terre adjacente à un chemin de fer. — Travailleur agricole choisi et réunissant les aptitudes nécessaires ; — entrepreneur capitaliste fournissant un outillage complet, plus le capital Cheptel. — La résultante sera : production élevée,

Toutefois, il ne suffit pas au facteur *terre* de comprendre une grande extcusion de vingt lieues carrées pour l'entrepreneur, de cinquante hectares pour le colon, et de posséder à son côté un chemin de fer pour l'écoulement des denrées, il était essentiel qu'il offrit aussi les conditions hygiéniques nécessaires pour protéger l'existence du colon. Or, sous ce rapport, la République Argentine ne laisse rien à désirer. Le territoire des Pampas situé entre les 34me et 40me degrés de latitude Sud, jouissant d'un climat tempéré, pareil à celui du midi de la France. de l'Espagne. de l'Italie... rafraîchi par les brises de l'Océan Atlantique, protégé à l'Ouest par les Cordillières... offre au point de vue de la salubrité du climat toutes les garanties hygiéniques désirables. Les institutions politiques et administratives du pays se rapprochent de celles des pays libres de l'Europe, la religion catholique y est généralement pratiquée et toutes les autres y sont libres.

Quant à la puissance du facteur *capital*, nous l'élevons en ajoutant au capital agricole celui du cheptel en vue d'augmenter la production. Or, tout le monde sait la richesse que produit l'élève du bétail dans la République Argentine, où cette industrie est créée sur de vastes étendues de domaines à pâturage sans frais de construction d'étables, ni d'emmagasinage de fourrage, le bétail s'alimentant par le pacage et vivant continuellement dehors (1).

Pour faciliter l'intelligence de notre combinaison, nous allons l'exposer en quelques articles clairs et précis qui pourront servir pour la rédaction des statuts aux entreprises particulières de colonisation dans la République Argentine.

BASES
Pour servir à la rédaction des statuts pour les entreprises de colonisation dans la République Argentine.

Article 1ᵉʳ. — Des entreprises de colonisation se feront dans les territoires nationaux et provinciaux de la République Argentine en vue de l'extinction du paupérisme agricole européen, dans les conditions établies dans le projet ci-exposé.

Art. 2. — A cet effet, des contrats seront passés avec le gouvernement National et les gouvernements provinciaux argentins, par l'intermédiaire de notre fondé de pouvoirs à Buenos-Ayres, seul ou accompagné d'un agent spécial de l'entreprise.

Art. 3. — Ces entreprises comprendront la fondation des colonies séparément ou conjointement avec la construction des chemins de fer.

Art. 4. — Les chemins de fer de cette classe à construire, sont :

---

(1) L'énorme quantité d'animaux qui se produit dans ces contrées, est achetée, par milliers, pour être exploitée dans les nombreux saladeros, établissements où l'on tue des centaines d'animaux, chaque jour, pour les dépouiller du cuir et extraire le suif, les os, etc.

1°. La ligne centrale de la Pampa de Mercedes au port Saint-Antoine, 175 lieues ;

2° La ligne de Mercedes à Bahia-Blanca par Pontiagué, 110 lieues ;

3° Le chemin de fer de Mercedes a la limite de la Pampa, 25 lieues ;

4° Le chemin de fer du port Saint-Antoine à la vallée du Rio-Negro, 11 lieues.

Art. 5. — L'entreprise du chemin de fer devra se faire avec la condition d'un sept pour cent de garantie d'intérêt du capital employé à la construction, avec concessions de terrains dont la contenance sera débattue avec le gouvernement.

Dans le cas de jonction des deux opérations, construction de chemin de fer et colonisation, cette dernière se fera conformément aux bases établies dans le présent projet.

Des entreprises de colonisations, séparées des opérations de chemin de fer.

Art. 6. — Les entreprises de colonisation séparées de celles de chemin de fer pourront se faire :

1° Par une grande institution de crédit déjà fondée ;

2° Par une société anonyme spéciale de colonisation argentine à fonder ;

3° Par une banque Franco-Argentine à fonder ;

4° Par une compagnie ou société en commandite ;

5° Par de simples particuliers pour les opérations de colonisations réduites.

Entreprise par une société anonyme spéciale de colonisation.

Art. 7. — Une société anonyme, sous le titre de............ sera établie à.................

Elle aura pour objet la colonisation dans les territoires nationaux et provinciaux de la République Argentine.

Art. 8. — Les vingt premiers adhérents à notre système de colonisation seront réputés fondateurs de l'entreprise, après nous avoir manifesté, par écrit, leur adhésion à notre projet et leur intention de prendre une part active à l'exécution de l'œuvre.

Art 9. — Les fondateurs de ladite société éliront une commission provisoire chargée de rédiger les statuts de la société ; celle-ci nommera un directeur du bureau, également provisoire, un trésorier et d'autres employés, s'ils sont nécessaires.

Art. 10. — Il ne sera fait d'émission, ni constitution définitive de société, qu'après que la commission provisoire aura été mise en possession des contrats passés avec le gouvernement national argentin ou les gouvernements provinciaux, opération qui reste à la charge de l'auteur du présent projet de colonisation.

Art. 11. — Aussitôt après avoir été mise en possession des contrats, la commission provisoire fixera le chiffre de l'émission et procèdera à la constitution définitive de la société.

Art. 12. — Dans le cas où la société se constituerait pour la fondation de QUINZE colonies, durant la période de cinq années, le chiffre de l'émission restera fixé à 7,500,000 francs. L'emploi de ce capital se fera dans l'ordre suivant :

1re année. . .   1,500,000 fr., pour la fondation de 3 colonies.
2e année. . .   1,500,000   id.   3   id.
3e année. . .   1,500,000   id.   3   id.
4e année. . .   1,500,000   id.   3   id.
5e année. . .   1,500,000   id.   3   id.
      7,500,000 fr.   15 colonies.

Art. 13. — Pour réaliser le capital 7,500,000 francs, il sera fait une émission de quinze mille actions (15,000) de 500 francs chacune, payables par annuités de cent francs, le 15 janvier de chaque année, durant cinq ans.

Emploi du capital social 7,500,000 francs.

Le capital social 7,500,000 francs est spécialement destiné à l'établissement des colonies dans les territoires nationaux et provinciaux de la République Argentine, et aux frais nécessaires au fonctionnement de la société anonyme. C'est ce capital qui constitue le second facteur de notre système de colonisation, facteur puissant lorsqu'il complète l'outillage du travail, et qui avec la terre du gouvernement et le travail du colon concourt à réaliser la production. Ce capital garanti par un hypothèque, revient au capitaliste-actionnaire ou entrepreneur, après être passé durant cinq ans dans les mains de la famille agricole du colon, et avoir produit des bénéfices considérables par son application à l'industrie si productive de l'élève du bétail, en dehors du dix pour cent d'intérêt qu'il comporte, d'une prime de vingt pour cent sur le capital avancé, 9,500 fr., et de la valeur accrue d'un terrain de vingt lieues carrées par colonie.

Art. 14. — Les avances à faire à chaque famille agricole composée de cinq personnes sont les suivantes :

1ᵉ Catégorie.

—

Avances improductives devant être remboursée après cinq ans.

A. — Maison d'habitation, comprenant deux pièces . . . . 1,500 fr.
B. — Farine pour la subsistance d'une famille agricole, durant la première année, 5 balles de 100 kilos 250
C. — Semences {
Froment, 2 hect. . . . 50
Maïs, 1 hect. 15
Pommes de terre, 2 hect. 30
Orge ou avoine, 2 hect. 30
}
D. — Un char à quatre roues . 500
E. — Une charrette, ou un tombereau à deux roues 100
F. — Une charrue en fer . . . 30

2,500 fr.

Les autres ustensiles et outils agricoles ainsi que les objets de ménage, le colon pourra les acheter au magasin de commerce établi par l'entreprise dans chaque colonie.

2ᵉ Catégorie.

—

Avances productives, livrées à titre de cheptel, avec partage par moitié du produit entre le colon et l'entreprise; remboursables après cinq ans.

A. — Brebis, 500, à 7 fr. chaque 3,500
3 béliers commun . 150
1 bélier, Rambouilles, Negrets ou South-Downs 400
B. — Vaches, 20, à 50 fr. chaque. 1,000
Taureau, 1, à 100 fr . . 100
C. — Juments, 5, plus un cheval étalon (1) 350

5,500 fr.

Passage d'Europe en Amérique, cinq personnes, à 300 fr. chaque 1,500

Total des avances pour une famille . 9,500 fr.

Total pour une colonie de 40 familles . . 380,000 fr.

Total pour 3 colonies à établir annuellement . 1,140,000 fr.
Etablissement de 3 magasins commerciaux . . 70,000
Frais d'administration 90,000
Réserve. 200.000

Total . . . . 1,500,000 fr.

---

(1) *Dans l'état des dépenses que nous établissons ici, nous avons pris la moyenne des valeurs. Mais ces valeurs étant variables, il pourra arriver que le chiffre de 9,500 fr., somme des avances à faire au colon, se trouve plus élevé ou plus faible que celui qui sera réellement employé. Dans ce cas, on puisera dans la réserve assez considérable que nous créons pour couvrir l'insuffisance, et, dans le cas contraire, d'un excedent, le chiffre de celui-ci rentrera dans la réserve.*

Art. 15. — Là somme de neuf mille cinq cents francs sera remboursée à l'entreprise après cinq ans dans le courant des deux premiers mois de la sixième année avec la prime vingt pour cent (1,900 fr.) soit au total 11,400 francs, sans préjudice du dix pour cent à payer chaque année conformément au paragraphe 5 de l'article 98 de la loi sur la colonisation.

Art. 16. — Durant le cours de la sixième année, il sera procédé par l'entreprise, si celle-ci le juge utile, à la vente du terrain colonial concédé en dehors de ceux cédés aux colons dont les titres de propriété leur seront délivrés à la même époque.

Art. 17. — Les opérations continueront ainsi successivement, par période de cinq ans, en appliquant le capital remboursé à la fondation de nouvelles colonies, jusqu'au jour où la société décidera, en assemblée générale, vouloir terminer son œuvre et se mettra en liquidation. (1)

Entreprises de colonisation par compagnies

ou sociétés en commandite.

Art. 18. — Les compagnies ou sociétés en commandite qui désireraient entreprendre des opérations de colonisation sur une moins grande échelle et sur les mêmes bases, pourront adresser leur déclaration à l'auteur du présent projet, qui s'empressera de leur fournir les renseignements nécessaires et son concours pour l'exécution de l'opération.

---

(1) La nécessité d'une Banque Franco-Argentine se fait sentir depuis longtemps, à Buenos-Ayres, pour le service des grandes affaires commerciales qui se font entre Paris et la République Argentine, où l'intérêt usuel des capitaux est de dix et quinze pour cent. Les Anglais, les Italiens, les Brésiliens, ont déjà fordé des Banques à Buenos-Ayres avec succès. Les nombreux négociants Parisiens qui font des affaires importantes avec la République Argentine trouveraient, dans une institution de cette classe, une puissante ressource pour leurs opérations commerciales et de grands bénéfices à réaliser; surtout en ce moment où ce pays marche, à pas de géant, dans la voie de sa prospérité.

Entreprises de colonisation particulière

Art. 19. — Comme il m'est arrivé de rencontrer des propriétaires argentins qui demandaient à établir des colonies réduites à vingt et même dix familles, avec la condition de se réserver la moitié du terrain colonial, soit cinq lieues sur dix, ou deux lieues et demi sur cinq ; les capitalistes qui désireraient entreprendre la colonisation sur ces bases, pourront m'adresser leur proposition, je donnerai immédiatement des ordres à mon fondé de pouvoir, à Buenos—Ayres, pour passer des contrats de cette classe.

TROISIÈME FACTEUR

Le travail agricole.

Le troisième facteur qui reste à élever à sa haute puissance, par un bon choix et avec des procédés qui donnent confiance et crédit à l'opération, c'est le travail du cultivateur colon, chef de famille agricole. Ce choix devra être confié à un homme sérieux, honorable et dévoué à l'entreprise. Son titre sera celui de directeur général du bureau de recrutement et des transports maritimes d'Europe à l'Amérique du Sud.

Recrutement des colons.

Art. 20. — A cet effet il sera établi dans la ville de... un bureau spécial de recrutement de colons sous la direction d'un directeur général, lequel pour être aidé dans ses opérations pourra créer sous sa responsabilité des agents dans les chefs-lieux de départements français et les diverses provinces en Europe.

Art. 21. — Les frais du bureau de recrutement, y compris les appointements du directeur et des agents, seront fixés par le conseil d'administration de la société de colonisation.

Art. 22. - Le directeur du bureau de recrutement et ses agents auront pour mission :

1° De faire connaître l'objet de l'entreprise, ses moyens d'exécution, les conditions exigées des colons pour être admis ;

2° De fournir toutes les explications exactes et véritables, nécessaires au colon, pour qu'il se décide librement et en toute connaissance, à entreprendre l'opération de colonisation;

3° Publier, à cet effet, des brochures, des circulaires, articles de journaux, sous sa responsabilité ;

4° Faire connaître dans ces publications les conditions hygiéniques et climatériques du pays à coloniser, ses zones terrestres, les institutions politiques, administratives, judiciaires, qui le régissent, les bénéfices que peuvent lui rapporter les industries agricoles et de l'élève du bétail ; enfin tout ce qu'il importe au colon de connaître pour entreprendre l'opération proposée ;

Art. 23. — Le directeur général du bureau de recrutement remettra à chaque colon, chef de famille, avant son embarquement une feuille d'engagement, extraite d'un livre à souche, comportant un numéro d'ordre, les noms et prénoms du colon et des membres de sa famille, leur âge, le lieu de leur résidence. Elle comprendra aussi les obligations réciproques du colon et de l'entreprise, et au bas les signatures du colon et du directeur de l'entreprise.

Il suffira au colon de présenter la feuille d'engagement pour être admis à la colonie. Copie en sera adressée au directeur général des colonies.

Art. 24. — Les frais de transport d'Europe à la République Argentine seront à la charge de l'entreprise, et ceux du port argentin de débarquement à la colonie, à la charge du gouvernement argentin, conformément aux articles 88 et 89, et du paragraphe 4 de l'article 104 de la loi sur la colonisation. Le montant de ces avances de passage sera remboursé par le colon aux époques déterminées par le contrat

Art. 25. — Le colon, chef de famille agricole, représente celle-ci dans tous les actes et obligations qui lui incombent.

Art. 26. — La famille agricole se composera de cinq membres, au moins âgés de dix ans. Les enfants au-dessous de dix ans ne compteront pas pour l'entreprise, mais ils pourront accompagner la famille et suivre leurs parents.

Art. 27. — Deux familles séparées pourront s'associer pour former un groupe de famille au nombre de cinq membres au moins. Ils auront la faculté de rompre, plus tard, l'association en se partageant la concession de terrain et les avances à elles faites. Mais elles resteront solidaires de leur engagément vis-à-vis l'entreprise,

Art. 28. — Deux mois avant le départ des colons d'Europe, le directeur général de l'entreprise de colonisation enverra l'ordre au directeur des colonies de préparer les lots de cinquante hectares chaque à distribuer aux colons, avec leurs limites et bornage. Le lot portera un numéro d'ordre. Cette opération terminée, il sera procédé à la construction des maisons d'habitation composées chacune de deux pièces de quatre mètres carrés de surface, avec un corridor intermédiaire.

Art. 29. — Immédiatement après l'arrivée des colons sur les lieux, les lots seront tirés au sort et chaque colon prendra possession de celui que lui aura désigné le sort, On lui délivrera, ensuite, les avances de la première catégorie, telles que farine, semences, une charrue, un char..... Durant les quinze jours qui suivront, les colons recevront les avances de la seconde catégorie, à titre de cheptel, savoir : 500 brebis, avec trois béliers, 20 vaches et un taureau, cinq juments. La distribution se fera par tirage au sort, par lots d'animaux.

Art. 30. — Deux fours à cuire le pain seront construits d'avance dans chaque colonie, un pour la section de droite, l'autre pour la section de gauche.

Art. 31. — Dans chacune des colonies, l'entreprise établira un magasin commercial comprenant des outils aratoires et ustensiles de ménage, quincaillerie, objets de consommation ; enfin, toute marchandise ou denrée que l'entreprise jugera utile de livrer en vente. Un crédit de six mois sera accordé aux colons.

Art. 32. — Chaque colon sera obligé de cultiver et de maintenir en état de culture, à partir de la première année, pour le moins quatre hectares de terrain sur les cinquante qui lui sont concédés et de clore la partie cultivée soit en bois, soit en fil de fer, restant libre, pour le surplus, d'en cultiver la contenance qu'il lui conviendra.

Art. 33. — Tout colon qui ne cultiverait pas la contenance ci-dessus indiquée dans l'article précédent, ou qui ne donnerait pas à l'élève du bétail les soins qui leurs sont dus, ou qui serait une cause de désordre dans la colonie, la concession du terrain et les avances à lui faites lui seront retirées et il sera expulsé de la colonie. Toutefois, le fait devra être attesté par dix colons tirés au sort et confirmé par un rapport du directeur des colonies ; seul, l'agent général, représentant de l'entreprise, aura droit de prononcer l'exclusion.

Art. 34. — Tout le produit du sol, celui des animaux de basse-cour et de toute autre industrie, appartiendra au colon ; seul, le produit cheptel des brebis, vaches, chevaux, sera partagé entre ce dernier et l'entreprise.

Art. 35. — Les mâles des trois classes d'animaux spécifiés ci-dessus, ayant acquis un an d'âge, seront partagés, chaque année et livrés à la vente durant cinq ans, c'est-à-dire, pendant le cours de six années, entre le colon et l'entreprise. La laine des brebis sera également partagée durant les cinq premières années.

Art. 36. — Durant les cinq premières années, le colon paiera à l'entreprise un dix pour cent du montant des avances 9,500 francs, soit 950 francs par an, conformément aux prescriptions du paragraphe 5 de l'article 98 de la loi sur la colonisation.

Art. 37. — Après cinq ans, durant les deux premiers mois de la sixième année, le colon remboursera à l'entreprise le montant des avances 9,500 francs, avec une prime de 20 pour cent, soit 1,900 fr., en total : 11,400 fr., conformément au paragraphe 5 de l'article 98 précité.

Art. 38. — Une fois le règlement fait et le remboursement du montant des avances opéré, l'agent général de l'entreprise aux colonies délivrera à chaque colon, chef de famille, un titre de propriété dûment légalisé. Après quoi le colon restera maître absolu, non seulement du terrain, de la maison, du mobilier, mais encore des animaux qui se trouveront dans son domaine ; restant libre et dégagé de tout compromis avec l'entreprise de colonisation.

Art. 39. — Les colons seront soumis aux lois et institutions de la République Argentine sous l'autorité d'un juge de paix, chargé de les faire exécuter.

Art. 40. — De même que dans les autres centres de population de la République Argentine, les colons constitueront un conseil municipal chargé de l'administration des affaires communales de la colonie : le service religieux, l'instruction primaire, restant à la charge du gouvernement National ou provincial.

Art. 41. — Un directeur général des colonies, nommé par l'entreprise, assisté d'un inspecteur, surveillera, contrôlera et dirigera les affaires coloniales dè l'entreprise. Un agent général représentera celle-ci dans le pays.

Disposition et distribution des colonies le long des chemins de fer à construire, dans les territoires nationaux.

Art. 42. — En attendant qu'il soit ajouté à la loi de colonisation un titre 8 réglant la colonisation le long des chemins de fer, l'entreprise se conformera à l'article 104 de la loi qui détermine le nombre de cent vingt-cinq familles à établir dans chaque section de terrain concédé de vingt-cinq lieues chaque : disposition qui n'apporte pas un changement irréalisable pour notre projet, et qui d'ailleurs n'est applicable qu'aux territoires nationaux. Les gouvernements provinciaux restant libres de passer des contrats sur d'autres bases qui seraient plus conformes à leurs intérêts.

Les colons des territoires nationaux seront exempts de la contribution directe durant dix ans. Art. 114 de la loi.

Disposition des colonies dans les territoires provinciaux.

Art. 43. — Il sera passé des contrats de colonisation avec les gouvernements provinciaux dans les conditions suivantes :

1· Etablissement d'une colonie de quarante à quatre-vingts familles. pour chaque concession de vingt lieues carrées le long d'un chemin de fer,

2· Etablissement de vingt à quarante familles pour une concession de dix lieues carrées.

Les autres conditions comme ci-dessus dans nos dispositions générales.

Disposition de colonies avec des propriétaires de terrain.

Art. 44. — Les propriétaires particuliers qui demanderont à établir des colonies sur leur terrain propre pourront le faire aux conditions formulées dans l'article précédent, même en réduisant la concession à cinq lieues pour dix à vingt familles. Par exception pour les propriétaires de cette dernière catégorie, la moitié du terrain concédé restera leur propriété après la cinquième année, et en disposeront pour la vente ou leur usage, comme bon leur semblera.

AVANTAGES ET BÉNÉFICES

**A répartir aux trois agents de la production : Gouvernement, —
Colon, — Entrepreneur-capitaliste.**

En toute opération productive et surtout dans celles qui ont une grande portée, les principes d'une bonne morale et ceux de la science économique prescrivent une équitable répartition des bénéfices entre les agents qui concourent à son exécution. C'est fondé sur ces principes que nous procédons à la répartition des avantages et bénéfices entre les trois agents qui concourent à l'œuvre de la colonisation, gouvernement argentin, — colon européen, — entrepreneur-capitaliste, autrement dit entre les trois facteurs : *Terre, travail, capital.*

Notre système de colonisation organisée à production élevée comporte deux opérations distinctes, celle de la colonisation. proprement dite, qui consiste à l'exploitation de la terre, et celle de l'élève du bétail. A la première de ces industries concourent le gouvernement et le colon ; à la seconde le colon et l'entrepreneur-capitaliste qui fournit le capital des avances. Les avantages et bénéfices de la première de ces deux industries sont attribnés au gouvernement et au colon seulement ; les bénéfices de la seconde sont partagés entre le colon et l'entrepreneur-capitaliste. Définie ainsi la coopération des trois agents, nous allons procéder à la répartition des avantages et bénéfices entr'eux, tout en faisant une large part au colon.

Avantages que recueille le gouvernement argentin de notre système de colonisation.

Tout d'abord nous simplifions la coopération du gouvernement en réduisant son concours à celui d'une simple concession de terres, le dégageant de toute dépense à faire pour avances au colon, et réservant le capital qu'il emploie aujourd'hui à cet objet pour l'appliquer à la construction de chemins de fer dans les territoires nationaux pour la garantie d'un sept pour cent d'intérêt du capital à employer à cette œuvre d'une grande portée économique.

La colonisation officielle a rempli son rôle d'initiative et d'expérimentation, le gouvernement argentin peut abandonner aujourd'hui la continuation de l'œuvre à l'industrie privée, en ajoutant à la loi de colonisation un chapitre 8 ayant pour titre : « des colonies à établir le long du chemin de fer.» Chapitre pour la rédaction duquel pourront servir de base les quelques articles que nous avons indiqués dans le cours de cette publication. (Voir page 24.)

Libre de tout engagement avec les colons, déchargé des dépenses que nécessite l'opération et des embarras de l'administration coloniale, charges qui incombent aux entreprises de colonisation, le gouvernement argentin verra s'accomplir sur une vaste échelle l'œuvre de la colonisation, si importante pour la prospérité et l'accroissement de puissance de son pays. Des colonies nombreuses s'établiront dans ses vastes et fertiles territoires ; de nouveaux centres de consommation et de production se multiplieront : le mouvement et la vie se répandront dans ces immenses solitudes ; et avec eux s'accroîtront la population et la richesse. La terre des environs augmentera de valeur et deviendra une source de revenus incalculables pour le trésor national ; le commerce, l'industrie, les arts se développeront dans ces nouveaux centres de population, de consommation et de production de matières premières qui iront alimenter les ports, sur l'Océan Atlantique, de Saint-Antoine et de Bahia-Blanca, dont le mouvement commercial ne tardera pas à prendre un mouvement inespéré, le jour où le chemin de fer central de la Pampa, traversant ce vaste territoire, les mettra en communication directe avec le Chili et les provinces de l'Ouest.

BÉNÉFICES DE L'ENTREPRISE
AUTREMENT DIT DU FACTEUR CAPITAL

Le capital, sans lequel la colonisation, paralysée dans son action, par défaut d'outillage, ne peut donner que des résultats insignifiants, ou des insuccès affligeants, est représenté dans notre système de colonisation à production élevée par l'entrepreneur-capitaliste. Ce capital, nous l'avons proportionné à l'ample concession de terre, de 20 lieues carrées, faite par le gouvernement et à la masse de travail que fournit une famille de cinq membres au moins ; nous avons voulu qu'il fût complet (9,500 francs par famille). Aussi avons-nous dû lui faire une large part dans les bénéfices. Ces bénéfices proviennent de deux sources : 1° ceux que lui attribue la loi sur la colonisation, savoir, concession de terre (20 lieues) un dix pour cent d'intérêt annuel, plus une prime de vingt pour cent sur le capital employé, soit 1,900 francs sur 9,500 ; 2° ceux qui proviennent de l'industrie du bétail, laquelle pour la première fois se trouve ajoutée à l'industrie agricole du colon ; ce sont les bénéfices qui proviennent de cette double source que nous allons évaluer. Soit donc : 1° bénéfices attribués par la loi à l'entrepreneur-capitaliste. (Art. 98.)

A — Concession de terre, 25 lieues carrées (art. 65, 98, 104),
    que nous réduisons à 20 lieues.

B — Intérêt de dix pour cent à payer annuel-
    lement par le colon, ci..... 950 fr.

C — Prime de vingt pour cent .... 1,900 francs.
    à ajouter au capital 9,500, ci .... 9,500 francs.

        Soit ensemble................ 11,400 francs.

Ces bénéfices attribués par la loi de colonisation argentine au capital seraient déjà une rémunération suffisante. Mais voulant tirer parti de la grande étendue de terre à pâturage concédé par le gouvernement et du nombre de travailleurs que fournit la famille agricole, nous ajoutons à l'industrie agricole du colon, celle de l'élève du bétail si productive dans ces contrées à pâturage et à grands domaines, dont la contenance s'évalue par lieues carrées. Nous avons créé cette industrie sur le pied de 500 brebis, 20 vaches, 5 juments, pour chaque famille, soit pour une colonie de quarante familles 20,000 brebis, 800 vaches, 200 juments, et pour trois colonies à établir chaque année, 60,000 brebis, 2,400 vaches, 600 juments. Le produit devant être partagé par moitié entre le colon et l'entreprise; il s'agit maintenant d'évaluer la somme des bénéfices que cette industrie procurera à l'entreprise.

Observons d'abord que nos troupeaux des trois espèces d'animaux, brebis, vaches, juments, augmentent en nombre chaque année de cinquante pour cent environ par l'adjonction aux mères des femelles nées dans l'année et qui deviendront mères l'année suivante ; or ce chiffre s'élève généralement à la moitié des naissances. Nous aurons ainsi sur les 500 agneaux nouveau-nés 250 femelles à ajouter aux 500 mères, soit 750 femelles pour la production de la seconde année, 1,125 pour celle de la troisième ; ainsi progressivement pour les années suivantes. Même progression à appliquer aux vaches et juments. Nous avons donc une progression croissante des produits partant des bénéfices ; et cela sans augmentation de frais ; le pacage de vingt lieues carrées étant immense, et les animaux vivant nuit et jour dehors ne nécessitant pas de constructions d'étables. Appliquant la même progression aux mâles à livrer chaque année à la vente à l'âge d'un an, nous obtenons pour la première année 250 moutons, 375 pour la deuxième, 563 pour la troisième, 814 pour la quatrième, 1,765 pour la cinquième. Le prix ordinaire à cet âge étant cinq francs, on peut évaluer le produit annuel. Appliquant le même procédé de progression aux produits de la laine, des veaux et des poulains de deux ans, et réunissant leur somme à celle déjà calculée des agneaux, nous arrivons à avoir pour production de la première année, pour chaque famille, 2,300 fr. ; pour la seconde année 3,475 fr. ; pour la troisième 5,240 fr. ; pour la quatrième 7,830 fr. ; pour la cinquième 14,205 fr. Soit total de la production cheptel d'une famille durant cinq ans 33,050 fr. Déduisant maintenant de ce chiffre le dixième pour pertes, soit 3,305 fr., il reste 29,745 fr. à partager entre le colon et l'entreprise, soit 14,872 fr, pour chacun d'eux pour les cinq années.

Chaque famille produisant 14,872 francs de cheptel à l'en-

treprise en cinq ans, les 40 familles, composant une colonie,
produiront 594,880 fr., ci. , ...   594,880 fr.

A ce chiffre, nous devons ajouter les femelles des trois races ovine, bovine et chevaline,
conservées pour la reproduction dont la valeur s'élève, pour la race ovine, à 341,600 fr.;
pour la race bovine, à 117,000 fr., et pour la
race chevaline, à 3,200 fr., soit, valeur en
francs, des produits des femelles des trois races.   461,800

Il nous reste à ajouter, à la somme de ces
bénéfices, la valeur des 19 lieues carrées sur
20, concédées par le gouvernement, soit un
minimum de dix mille francs la lieue, on
aura, . . , ...   190,000

Soit, total des bénéfices cheptel produit à
l'entreprise, pour une colonie de 40 familles
(200 personnes).   1,246,680

(Voir les tableaux du calcul des bénéfices à l'Appendice).

Pour trois colonies à établir chaque année × 3 = ...   3,740,040
avec le capital 1,500,000 fr.

Pour quinze colonies à établir en cinq
ans × 15 = . . , ...   18,700,200
avec le capital 7,500,000 fr.

Les chiffres qui représentent ici les bénéfices de l'industrie
du bétail, pour le compte de l'entreprise, n'offrent certainement pas l'exactitude désirable, ce qui est impossible à
obtenir quand on opère sur des produits de valeur variable
dans leur cours commercial. Ces chiffres se traduiront par un
plus ou un moins dans la réalité. Ce qui est certain, c'est que
le produit de vingt mille brebis, pour chaque colonie, celui
de huit cents vaches et de deux cents juments, avec leur
reproduction croissante de cinquante pour cent l'an, sera
toujours considérable, quelque diminution qu'on fasse subir à
mon appréciation. Ni les critiques malveillantes, ni le cal-
culateur le plus sévère, ne pourront contester ce grand
résultat. Nous avons indiqué le procédé de calcul à suivre
pour l'évaluation des produits du cheptel. Que nos lecteurs

veuillent bien se livrer à une étude attentive de la matière, et ils reconnaîtront que nous sommes restés éloignés de toute exagération.

Maintenant, si l'entreprise, se contentant du dix pour cent d'intérêt pour le capital employé et de la prime vingt pour cent qu'accorde la loi argentine sur le capital, se décidait à élargir le cercle de ses opérations, en appliquant à la construction des chemins de fer coloniaux les bénéfices produits par le cheptel, ce qui est possible à exécuter, on arriverait à construire, avec le capital de dix-huit millions de ces bénéfices, environ soixante lieues de chemins de fer, celui de Mercedes à Poitagué, par exemple, à continuer, plus tard, avec les mêmes ressources, jusqu'au port de Bahia-Blanca.

Le gouvernement argentin accordant une garantie d'intérêt de sept pour cent aux capitaux affectés à cette classe de travaux publics, l'entreprise bénéficierait ainsi d'une somme d'intérêt s'élevant à 1,402,254 francs par an, une fois la construction terminée, tout en restant propriétaire d'une voie ferrée de soixante lieues. Dans ces conditions, à quel chiffre s'élèveront les actions de l'émission 7,500,000 francs, appliquées à l'opération de colonisation ? Je laisse la réponse à faire aux spéculateurs habituels de négociations de titres industriels à la Bourse.

Avantages et Bénéfices du Colon.

Le troisième agent de notre œuvre de colonisation à production élevée, c'est le colon, qui, avec sa famille, apporte à son exécution le puissant levier de la production, le travail, troisième facteur de notre formule économique. Le colon a donc un droit incontestable à la répartition de la richesse produite avec son concours. Cette part de richesse doit lui être accordée libéralement, largement, car c'est lui qui crée cette richesse avec ses bras et son intelligence, le capital n'étant que l'instrument du travail et la terre la matière à élaborer. Nous dirons même que le principal objet du colonisateur doit tendre à assurer la richesse du colon, car, de ce résultat ressortiront le prestige de l'opération, le succès de l'entreprise, la solution du grand problème d'économie sociale, l'*extinction du paupérisme agricole européen*.

Dans notre mode de répartition des profits, il est accordé au colon des avantages importants et des bénéfices grands et assurés :

1° Les avantages sont les suivants :

Avance de passage d'Europe aux colonies argentines ;

Concession après cinq ans, à titre de propriété, d'un domaine de cinquante hectares, avec une maison d'habitation composée de deux pièces ;

Avance de farines pour la subsistance de la famille durant la première année, des semences, une charrue, un char à quatre roues.....

Livraison, à titre de cheptel, de troupeaux d'animaux, savoir : 500 brebis, — 20 vaches, 5 juments, dont la moitié du produit lui appartiendra ;

Le colon sera placé près d'un chemin de fer, conséquemment, transport facile des personnes, des marchandises, des produits agricoles aux grandes places commerciales et aux ports de mer de Buenos-Ayres, Bahia-Blanca, Saint-Antoine.

Il jouira des mêmes avantages sociaux qu'en Europe, de la liberté et de l'administration communale ; avec une école pour l'instruction des enfants, une église pour ses pratiques religieuses ;

Chaque colonie sera pourvue d'un magasin commercial pour la vente de divers denrées, de ferretterie, de quincaillerie, d'ustensiles de ménage et d'outils agricoles ;

Il sera exempt, pendant dix ans, de la contribution directe (article 114 de la loi de colonisation) ;

Il sera libre dans son industrie, avec la seule condition de remplir les obligations du contrat.

2° Les bénéfices sont les suivants ; ils résultent de la situation avantageuse faite au colon :

Tout le produit de l'industrie agricole et de tout autre appartiennent au colon ;

La moitié du produit de l'élevage du bétail lui appartient durant cinq ans ; nous avons vu plus haut que le chiffre de la moitié de ce produit pouvait être calculé à 14,000 francs pour les cinq ans.

Nous terminons ici l'exposition de notre système de colonisati n à production élevée, à appliquer aux territoires immenses et de fertilité reconnue de la République Argentine. L'objet de notre travail consiste à ouvrir au cultivateur pauvre européen, une voie de salut praticable, facile à parcourir, qui lui permette d'échapper au goufre béant de la misère vers lequel il est entraîné, et de s'élever par son travail à l'aisance pour lui, à la fortune pour ses enfants. A cet effet, le gouvernement argentin nous offre libéralement, largement, la terre: ce qui est beaucoup, car cette libéralité est le pivot de notre combinaison, sa grande étendue permettant au capital d'élever son action productive à un degré de rémunération tel que toute autre opération ne saurait atteindre, et cela par le fait de l'adjonction à l'industrie agricole du colon, de l'industrie de l'élève du bétail, organisée sur une grande échelle : complétant ainsi l'outillage du travailleur agricole. Pour ce grand service rendu, nous devions au capital une large part dans la répartition des produits ; c'est ce que nous avons fait, comme on l'a déjà vu, en nous conformant aux usages dans la pratique du cheptel et aux principes économiques. Donc, toute idée d'exploitation doit être écartée, et les énormes bénéfices que fait l'entreprise ne doivent être attribués qu'à l'importance du capital employé, à son application, à la multiplicité des opérations (40 par colonie), et à la combinaison bien ordonnée des trois facteurs : terre — travail — capital, élevés à leur puissance, et dont la résultante production (ᵐ) devait être la conséquence nécessaire.

Jamais, nous osons le dire, système de colonisation n'a été établi sur des bases aussi bien définies, aussi clairement déterminées et d'une aussi grande puissance de production ; jamais entreprises de colonisation n'auront donné de si considérables résultats, jamais colons n'ont obtenu des conditions aussi avantageuses ; jamais gouvernement n'a fait des concessions si libérales, mais aussi n'aura recueilli des résultats aussi grandioses.

Jamais capital aussi bien garanti, doté d'un intérêt satisfaisant et d'une prime équitable, n'aura produit une rémunération aussi considérable pour le service rendu durant la courte période de cinq ans. Jamais enfin situation aussi favorable n'a été offerte à la population agricole européenne pauvre.

Nous pourrons donc voir se réaliser, à une époque peu éloignée, les belles paroles prophétiques d'un notable écrivain de l'Amérique du Sud : « La rédemption de la race blan« che se trouverait dans l'acquisition morale de tout un monde « riche et vierge, d'un monde qui donnerait terre, travail, for« tune. »

Andres LAMAS.

(Notice sur l'Uruguay).

C'est donc une œuvre philanthropique et économique de haute importance que nous conseillons d'entreprendre. Quand à ses résultats heureux, nul ne peut les contester. Les bénéfices, si réduits qu'ils soient ne peuvent se nier. Un fait incontestable, c'est l'intérêt dix pour cent par an et la prime de vingt pour cent sur le capital, alloués par la loi argentine au capital employé à la colonisation hypothéquée sur l'avoir mobilier et immobilier avancé au colon et sur une grande concession de terrain qui devient propriété de l'entreprise, dès le moment de l'installation de la colonie , c'est-à-dire au moment de l'application du capital.

Quant à nous, ouvriers de la première heure, dans ce genre d'entreprise de colonisation dans la République Argentine, notre conscience satisfaite nous dit que nous faisons une bonne œuvre et une bonne action.

Auguste BROUGNES,

Docteur en médecine, propriétaire du domaine de Caixon, près Vic-Bigorre (Hautes-Pyrénées).

Caixon, le 20 novembre 1882.

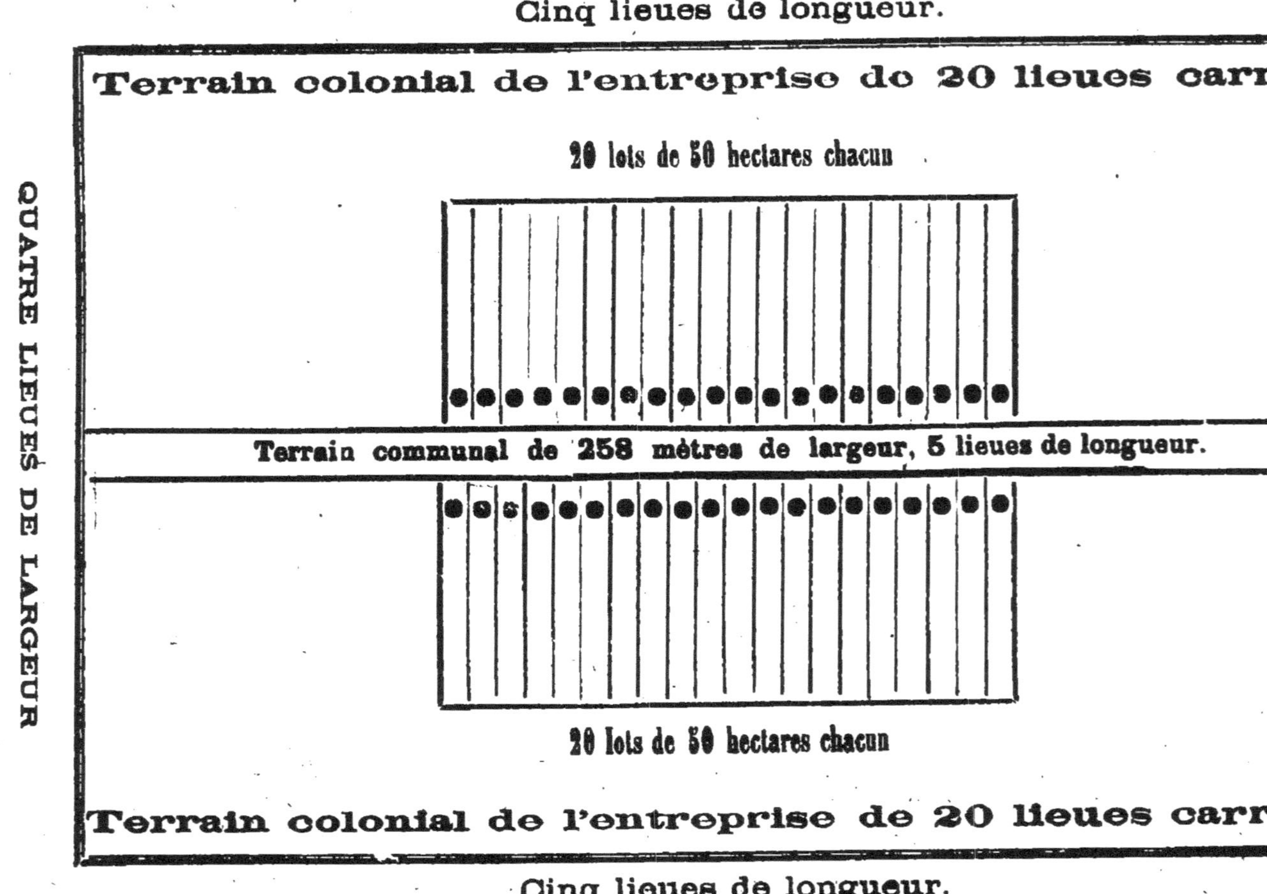

Cinq lieues de longueur.
Terrain colonial de l'entreprise de 20 lieues carré
QUATRE LIEUES DE LARGEUR
20 lots de 50 hectares chacun
Terrain communal de 258 mètres de largeur, 5 lieues de longueur.
20 lots de 50 hectares chacun
Terrain colonial de l'entreprise de 20 lieues carré
Cinq lieues de longueur.

PRODUIT DU CHEPTEL À RÉPARTIR ENTRE LE COLON ET L'ENTREPRISE

Produit annuel d'une famille agricole durant cinq ans.

PRODUIT DES ANIMAUX.

Classe d'animaux	Années	Naissanc.	Femelles à conserver	Mâles à vendre.	Produit de la vente à 5 fr.
BREBIS	1re année	500	250	250	1,250 f.
	2e année.	750	375	375	1,875
	3e année.	1,125	562	562	2,800
500	4e année.	1,687	843	843	4,215
	5e année.	2,530	1,765	1,765	8 825
			3,795	3,797	18,965
Perte 1|10 à déduire.			379	379	1,896
			3,416	3,418	17,069
VACHES	1re année	20	10	10	500
	2e année.	30	15	15	750
	3e année.	45	22	23	1,150
20	4e année.	67	33	34	1,700
	5e année.	100	50	50	2,500
			130	132	6,600
Perte 1|10 à déduire.			13	13	660
			117	119	5,940
JUMENTS	1re année	5	3	2	50
	2e année.	8	4	4	100
	3e année.	12	6	6	150
5	4e année.	18	9	9	225
	5e année.	27	13	14	350
			35	35	1,075
Perte 1|10 à déduire.			3	3	107
			32	32	968

(Annotations dans la colonne « Produit de la vente » : pour VACHES, « 50 f. à 2 ans » ; pour JUMENTS, « 25 francs ».)

PRODUIT DE LA LAINE.

Années	Nombre d'anim.	Quantité de laine de chaque animal	Prix du kilo	Valeur	Total du produit des brebis
1re ann.	500	500 kil.	1 fr.	500	1,750+ 500 = 1,750
2e ann.	750	750	Id.	750	1,875+ 750 = 2,6z5
3e ann.	1,125	1,125	Id.	1,125	2,800+1,125 = 3,925
4e ann.	1,687	1,687	Id.	1,687	4,215+1,687 = 5,902
5e ann.	2,530	2,530	Id.	2,530	8,825+2,530 =11,355
		6,592		6,592f.	25,557
Perte 1|10..		659		669	2,555
		5,933		5,923	23,002

Produit du cheptel, de race ovine (brebis) durant cinq ans . . . . 23.002 fr.

Produit du cheptel, de race bovine, durant cinq ans 6,600

Produit du cheptel, de race chevaline, durant cinq ans 675

Total . . . . . 30,477 fr.

Produit du Cheptel à répartir entre l'entreprise et le colon.

Produit de 1 colonie de 40 familles (200 personnes).

Capital à employer, 500,000 francs.

ANNÉES	Produit annuel d'une famille de 5 personnes.	TOTAL du produit, moins 1/10 perte.	MOITIÉ à entreprise.	PRODUIT ANNUEL d'une colonie de 40 familles.	PROD de 3 col
1re année	Brebis { Vente d'agneaux.. 1,250 } 1,750 { Vente de laine.... 500 } Vaches : Vente de veaux... 500 Juments : Vente de poulains. 50	= 2,300 francs p. 1/10 230 = 2,700	1,035	× 40 = 41,400	×3 col
2e année	Brebis { Vente d'agneaux.. 1,875 } 2,625 { Vente de laine.... 750 } Vaches : Vente de veaux... 750 Juments : Vente de poulains. 100	= 3,475 francs p. 1/10 347 = 3,128	1,564	× 40 = 62,560	×3 col
3e année	Breb's { Vente d'agneaux.. 2,815 } 3,940 { Vente de laine.... 1,125 } Vaches : Vente de veaux... 1,150 Juments : Vente de poulains. 150	= 5,240 francs p. 1/10 524 = 4,716	2,358	× 40 = 94,320	×3 co
4e année	Brebis { Veute d'agneaux.. 4,220 } 5,905 { Vente de laine.... 1,695 } Vaches : Vente de veaux... 1,700 Juments : Vente de poulains. 225	= 7,830 francs p. 1/10 783 = 7,047	3,523	× 40 = 140,920	×3 co
5e année	Brebis { Vente d'agneaux.. 8,825 } 11,355 { Vente de laine.... 2,530 } Vaches : Vente de veaux... 2,500 Juments : Vente de poulains. 350	= 14,203 francs p. 1|101,420=12,782	6,392	× 40 = 255,680	×3 co
				5 ans, 1 colonie Total. 594,880	×3 cc
6e année	Ajouter : Produit de la vente, après cinq ans, des femelles conservées pour la reproduction des trois races, déduction faite du dixième pour perte.	Brebis, 3,416, à 5 f. 17,080 Vaches, 117, à 50 f. 5,850 Juments, 32, à 25 f. 808	23,730, pour 1 famille. 11,865 × 40 = 474,600		×3 cc

Ajouter, produit de vente du terrain concédé, 19 lieues par colonie, à 10,000 fr. la lieue .. = 190,000 ×3 cc

Id.   Prime, 20 pour cent sur capital avancé au colon (9,500) soit 1,900 f. sur 40 familles = 76,000 ×3 cc

Total général des bénéfices après cinq ans pour une colonie... = 1,335,680 ×3 cc

10 °/. l'an. — ... bénéfice après cinq ans pour une colonie .... = × 3

DIVIDENDE

DU COUPON, 100 FR. SUR LE PRODUIT DE 3 COLONIES DURANT 5 ANS

Années	Produit annuel de 3 colonies.	A repartir aux 15,000 coupons de 100 fr.		Dividende annuel	Dividende joint à l'intérêt dix pour cent.		
1re année.	124,200 francs	=	15,600 coupons	8 fr. 25 c.	+ 10	pour cent d'intérêt	18 fr. 25 c.
2e année.	187,680	=	15,000 id.	12 fr. 50	+ 10	id.	22 fr. 50
3e année.	282,960	=	15,000 id.	18 fr. 86	+ 10	id.	28 fr. 86
4e année.	422,760	=	15,000 id.	28 fr. 18	+ 10	id.	38 fr. 18
5e année.	767,040	=	15,000 id.	51 fr. 13	+ 10	id.	61 fr. 13
Total.	1,684,740	En 5 ans	Total des dividendes	118 fr. 92 c.	+ 50	id.	168 fr. 92 c.

6e année · Produit des ventes de 3 colonies

- 1° des femelles de reproduction 1,423,800 f.
- 2° du terrain colonial 570,000
- 3° Prime 20 pour cent. 228,000

2,221,800 fr. ÷ 15,000 coupons 148 fr. 12 c.

Produit du coupon 100 fr. en 5 ans. . . . . . 317 fr. 04 c.

Moyenne par an, durant 5 ans . . . . 63 fr. 20 c.

Nous ne faisons pas entrer en ligne de compte les bénéfices qui résulteront de la vente de marchandises dans les magasins commerciaux établis dans les colonies, les bases de calcul manquant.

Quant aux frais d'administration, ils seront compris dans le tableau suivant de l'emploi du capital.

Création et emploi du capital 7,500,000 francs

Pour fondation de 15 colonies, 3 colonies par an durant 5 ans.

Émission de 15,000 actions de 500 fr., payables en cinq annuités de 100 fr. (coupons d'action).

Paiement des annuités en coupons d'action de 100 francs.

1ᵉ année — 15,000 coupons de 100 fr., produisant	1,500,000 fr.	pour 3 colonies.
2ᵉ année — 15,000.	Id.	1,500,000 fr.	pour 3 colonies.
3ᵉ année — 15,000	Id.	1,500,000 fr.	pour 3 colonies.
4ᵉ année — 15,000	Id.	1,500,000 fr.	pour 3 colonies.
5ᵉ année — 15,000	Id.	1,500,000 fr.	pour 3 colonies.
Total		7,500,000 fr.	15 colonies.

Le capital 1,500,000 francs des annuités 100 francs étant remboursable après la cinquième année, peut s'appliquer à une nouvelle série quinquennale d'opérations, et ainsi successivement durant dix, — quinze, — vingt ans. On pourra donc, avec le même capital 7,500,000 francs, fonder, avec le temps, des centaines de colonies, et l'opération continuer tout le temps que l'entreprise et le gouvernement argentin le jugeront utile.

Emploie du capital 1,500,000 fr., chaque année, pendant trois ans.

1° Pour une colonie de 40 familles . . . . . 500,000 fr.

Savoir : A. — Pour 1 famille : 9,500 fr.

Outillage agricole. . . .	2,500 fr.
Animaux à cheptel . . .	5,500
Passage.	1,500
	9,500 fr.

B. — Pour 40 familles, 9,500 × 40 = 380,000 fr.

Frais d'administration et réserve. 120,000

500,900 fr.

2° Pour 3 colonies (120 familles) . . . . 1,500,000 fr.

Savoir :

Frais d'établissement et outillage.	1,140,000 fr.
Frais d'administration . . .	110,000
Id. magasins commerciaux	150,000
Réserve.	100,000
	1,500,000 fr.

Nota. — Les frais d'administration étant compris dans la distribution du capital, nous avons dû ne pas les faire entrer en ligne de compte dans la répartition des bénéfices.

TABLEAU RÉSUMÉ.

De l'œuvre de colonisation à production élevée à appliquer dans les territoires nationaux de la République Argentine.

A. — *Extinction du paupérisme agricole européen par la colonisation des territoires nationaux dans la République argentine,*

- Situation malheureuse du petit cultivateur européen.
- Mesures inefficaces proposées pour remédier à cette situation.
- La colonisation, à l'extérieur, est dans les conditions économiques actuelles, le remède le plus efficace du paupérisme agricole.
- Résultats prodigieux obtenus dans l'Amérique du Nord par la colonisation avec les émigrants cultivateurs Irlandais et Allemands.
- Conditions meilleures pour obtenir le même résultat dans la République Argentine.
- Loi argentine sur la colonisation du 6 octobre 1876.
- Premier contrat de colonisation du Dr Brougnes, du 29 janvier 1853, passé dans la République Argentine, stipulant concession de terrain et avances remboursables. — Colonie San-Martin.

B. — *Système de colonisation perfectionnée.*

- 1° Axiome économique : terre + travail + capital^{m} = production^{m}.
- 2° Colonisation à production élevée, par l'adjonction à l'industrie agricole, de l'élevage du bétail et établissement des colonies le long des voies ferrées.
- 3° Réseau du chemin de fer Pampéen de Mercedes (San-Luis) au port St-Antoine, avec embranchement de Poitagué à Bahia-Blanca et à Santiago (Chili), avec une garantie d'intérêt 7 0/0 par le gouvernement argentin. Voie commerciale directe aux ports de mer pour les provinces argentines de l'ouest : Cordova, St-Louis, Mendosa, San-Juan.

Œuvre de colonisation à production élevée.

1° Pour le gouvernement argentin, concessionnaire de la terre.

Sans autres dépenses.

- Création de centres de population, foyers de production, d'accroissement de puissance et d'attraction pour l'immigration spontanée d'artisans, de commerçants, d'industriels.
- Augmentation de la valeur des terres dans les territoires nationaux, source de revenus incalculables pour le trésor public

2° Pour le colon, cultivateur du sol et éleveur de bétail.

Situation extraordinairement avantageuse faite au colon, savoir :

Concession de 50 hectares de terrain.

Avances remboursables :
- Passage d'Europe à Amérique. 1,500 fr.
- Maison d'habitation ;
- Subsistance pour l'année ; } 2,500
- Outillage agricole.

Animaux à cheptel.
- 500 brebis.
- 20 vaches.
- 5 juments.

Capital remboursable 5,500

Total . . . . 9,500 fr.

à 10 0/0 20 0/0 prime.

Bénéfices.
- 1° Produit total de l'industrie agricole ;
- 2° Moitié du produit cheptel.

3° Pour l'entreprise, à Capital remboursable après 5 ans.

- 1° 10 0/0 sur le capital durant cinq ans ;
- 2° 20 0/0 prime sur le capital, après cinq ans ;
- 3° Moitié du produit cheptel ;
- 4° Produit de la vente de 19 lieues carrées par colonie.

Administration

Centrale.
- Conseil d'administration ;
- Directeur général ;
- Un trésorier ;
- Un comptable.

APPENDICE

Industrie de l'élève du bétail dans la République Argentine.

On peut juger des bénéfices que procure aux éleveurs de la race bovine (celle de la race ovine produit bien davantage) par le calcul suivant fait par un estancier, Mr de Brayer :

« Un capital de 40,000 francs employé à l'achat de trois « mille têtes de bétail (1) placées sur un établissement déjà « monté, produit net au bout de six années, tous frais payés, « la somme de cent trente-sept mille cent quatre-vingt-treize « francs ; c'est-à-dire que ce troupeau de trois mille vaches « s'accroît chaque année dans une proportion croissante de « trente-deux pour cent, et que, en déduisant les animaux tués « pour la nourriture des pasteurs, ainsi que ceux qui ont été « vendus pour les abattoirs ou saladeros, l'estancier se trouve « avoir, au bout de six années de travail et de soins, un trou- « peau de dix mille quatre cent quatorze têtes de bétail.

« Il ne faut qu'un pâtre par mille têtes de bétail, et vu la na- « ture du terrain et la qualité des pâturages, on compte géné- « ralement une lieue carrée pour deux mille vaches. »

> *Emigration et colonisation*, par Arsène Isabelle, ex-chancelier du consulat français à Monte- video, page 43.

Dans les 13me et 14me volumes des *Annales du club rural de Buenos Ayres*, publication mensuelle des plus remarquables et des plus intéressantes, on trouvera les rapports de diverses commissions qui donneront une idée de la grandeur et de l'importance qu'a prise l'industrie du bétail dans la Républi- que Argentine. Nous allons donner, d'après ces rapports, un état sommaire de quelques-uns de ces établissements.

---

(1) A l'époque où vivait M. Brayer (1840), la vache ne valait que quinze francs, aujourd'hui son prix est de cinquante à soixante francs. Cette différence de prix ne change pas la valeur du rendement, car si la vache a haussé de prix, le produit de l'élève a haussé dans les mê- mes proportions; mille vaches achetées pour cinquante mille francs produiraient aujourd'hui deux cent mille francs en six ans.

**1879. — Estancia de Rosario de las Flores. — Propriétaire,
M. Chas.**

Ce domaine, fondé en 1857 par François Chas, est situé à
trente-cinq lieues Sud-Est de Buenos-Ayres. Il est traversé
par le chemin de fer du Sud. Près de la station, M. Chas a
fait construire des magasins et des hangars pour le dépôt de
ses laines.

Le domaine se compose de douze lieues carrées, dont six
sont clôturées en fil de fer. Les six autres sont affermées à raison de 1,400 à 2,000 francs la lieue. Dans les six lieues clôturées, une lieue est affermée pour 3,400 francs (1), Les cinq
restantes sont exploitées par M. Chas.

Exploitation de cinq lieues — La valeur de la terre de M. Chas
est estimée 28,000 fr. la lieue.

Le majordome de M. Chas pense que l'on peut élever 1,000
vaches, 500 juments et 10,000 brebis dans une lieue.

Maison d'habitation. — Non loin de la station du chemin de
fer est située la maison d'habitation solidement construite et à
terrasse, sur une longueur de 30 mètres et une largeur de cinq.
En face se trouvent la cuisine et les magasins de dépôt. Un
peu plus loin sont les hangars pour la tonte des brebis et le
dépôt des laines. Autour de ces hangars et à une courte
distance se trouvent de grandes enceintes clôturées de piquets
pour y renfermer les animaux la nuit.

Non loin de la maison d'habitation on conserve avec un soin
religieux la chaumière qui servit d'habitation à M. Chas père,
au commencement de son exploitation en 1857.

Vingt-cinq hectares ont été plantés en bois, on y compte
80,000 peupliers de dix ans, plantés en lignes droites à deux
mètres d'écartement l'un de l'autre ; 4.000 eucalyptus..... Un
champ de 21 hectares est semé en luzerne. Chaque année M.
Chas sème 16 hectares de maïs ; son rendement est de 39 hectolitres par hectare.

Animaux. — Dans le terrain que s'est réservé M. Chas, et

---

(1) La lieue argentine équivaut à 5 kilomètres 160 mètres.
La lieue carrée est donc égale à 26 kilomètres carrées 346 mètres.

après une vente de 8,500 vaches qu'il fit en 1878, il élevait, en 1879, 3,000 vaches et 3,000 juments.

Brebis. — L'estancia de las Flores comprend 6,500 brebis de race, sur lesquelles 1,000 de pur sang Negretle et 5,500 communes croisées avec des béliers Negretle.

Les brebis pur sang de la première catégorie se vendent de 200 à 1,700 francs ; les brebis croisées de la seconde, 40 fr. La toison d'une des brebis Negretle qui obtint une prime à l'exposition de Philadelphie et une médaille d'or à celle de Paris, pesait 31 livres 3|4.

Estancia du Tatay de Samuel Hale

Cette belle estancia est située dans le district de Carmen d'Areco, à deux lieues de cette petite ville et à vingt lieues de celle de Buenos-Ayres.

La contenance est de quatre lieues carrées, clôturées de tous côtés par sept fils de fer.

Dans la contrée, le fermage de 100 cuadres (166 hectares), pour pâturage, est généralement de 2,000 francs ; celui d'une lieue carrée, 32,000 francs, intérêt à 8 pour cent de 400,000 francs.

D'après le dernier recensement de 1878, l'estancia se composait de 80,000 brebis, de 2,700 vaches, et de 800 chevaux et juments.

Pour expliquer le fermage de 2,000 francs par lot de 1,600 hectares, il nous suffira de dire qu'un troupeau de 1600 brebis, s'entretenant sur ce terrain, produit annuellement en laine 240 arrobes. de vingt cinq livres chaque (2,400 kil.), vendue à vingt francs l'arobe de dix kilogrammes, soit deux francs le kilogramme, produisent 4,800 francs, plus 400 animaux femelles d'augmentation pour le troupeau.

Les bâtiments se composent d'une belle maison de maître avec des cuisines d'un côté, des magasins de denrées et de dépôt de l'autre, plus loin d'autres bâtiments pour fumer les jambons, pour extraire la graisse des animaux, des hangars pour la tonte et dépôt de laine, des volières, un magnifique jardin et enfin les diverses enceintes entourées de piquets pour y renfermer les animaux. Autour du jardin et des constructions existe un bosquet de 70,000 grands arbres, acacias, peupliers...........

Vaches. — L'estancia du Tatay contient 2,700 vaches desquelles 1,000 sont de race croisée Devon et Durham. La race Devon a ses quartiers de devant plus parfaits et s'entretient à moins de frais et engraisse facilement ; seulement, elle n'acquiert pas le volume des Durham et des Herfords. 150 veaux de race pure de Durham étaient destinés au service de la reproduction croisée.

Les taureaux croisés d'un à deux ans se vendent 200 francs.

Brebis. — Le domaine possède 80,000 brebis croisées fines, en majeure partie de race Negrette et Rambouillet. Divers béliers de ces races ont produit 35 et 36 livres de laine. En général, ils donnent des toisons de 18 à 20 livres et les brebis 8 livres. La race Lincoln a été également introduite dans l'établissement ; en 1878 la vente des béliers produisit 33,315 francs.

Le produit de la laine des brebis de toute race donne, terme moyen, 5 livres 8 par toison : ce qui donne pour 80,000 brebis 185,600 kilogrammes, soit à 1 fr. 50 le kilo : 464,000 fr.

Chevaux. — L'établissement ne contient que 350 juments et 50 étalons.

Cochons. — Il y a aussi 200 cochons de race Chester. blancs, longs de corps, de forme ronde, oreille tombante. Gras, ils pèsent 80 à 100 kilogrammes, et à un an 120 à 140.

Administration. — L'administration se compose d'un majordome et d'un aide-majordome, d'un comptable, un teneur de livres chargé des magasins à denrées et des dépôts. Il y a un chef domestique et des pasteurs-chefs pour chaque espèce d'animaux ; chacun d'eux dirige et surveille les serviteurs et pasteurs de chacune de ces classes. Il y a encore un jardinier, un forgeron, un menuisier ; en général, chacun de ces derniers exploite un troupeau pour son compte dans l'établissement.

Produit. — Le produit brut du Tatay fut en 1877 de 2,967,019 piastres papiers, soit 593,400 francs.

Les frais d'exploitation étaient de 32,000 francs.

La valeur de l'établissement est d'environ 3,200,000 francs.

Ce magnifique établissement a été créé par un homme d'une rare bonté, âgé aujourd'hui de 75 ans, encore robuste, Sir Samuel Hale.

Estancia de San-Juan de Léonardo Pereyra.

L'estancia de San-Juan, appartenant à M. Léonard Pereyra, est située dans le district de Quilmes, à huit lieues au sud de la ville de Buenos-Ayres. Sa contenance est de quatre lieues et un tiers. Le chemin de fer de las Ensenadas traverse le domaine, lequel se termine au sud-est du fleuve de Rio de la Plata.

De la contenance ci-dessus indiquée, 900 cuadres (1,494 hectares) sont affermées à des cultivateurs en onze fermes de 70 cuadres (116 hectares), deux de 83 hectares chacune et une de 44 hectares. Toutes ces fermes sont séparées les unes des autres par des haies vives et des chemins larges de dix-sept mètres. Les haies ont une extension de 34,400 mètres.

Le prix de fermage est de 60 francs par cuadre (1 hectare 66 ares).

Les 3 lieues 3|4 du domaine qui ne sont pas affermées sont destinées à l'industrie de l'élève du bétail. Elles sont séparées en deux parties par une clôture en fil de fer. La partie basse près du fleuve, le Rio de la Plata, d'environ une lieue trois quarts, est destinée au pacage des vaches et juments, au nombre de 7,000 têtes de la première race, croisées Herford et Durham et de 800 de la seconde, croisement avec étalons Claveland. Les autres deux lieues sont destinées à l'élève de la race ovine, au nombre de 32,000 brebis croisées avec des béliers Rambouillet et Southdown.

Dans cet espace de trois lieues trois quarts, un quart de lieue a été divisé en cinq compartiments destinés aux poulains de la race la plus fine de chaque espèce.

151 cuadres (250 hectares) sont occupées par un grand parc situé autour du domaine ; 50 cuadres (83 hectares) sont semées en luzerne.

Habitation. — En face la station Pereyra du chemin de fer se trouve la maison d'habitation, avec l'apparence d'un palais. On y arrive par une large allée bordée de grands arbres, traversant le parc ; c'est la résidence d'été du propriétaire ; 16 ou-

vriers sont occupés aux travaux et à l'entretien du parc
et des jardins. Un bâtiment de cinq pièces est destiné au
majordome, un autre pour le jardinier, d'autres pour les
hommes de service de la maison. Divers hangars et des étables pour les animaux de fine race complètent l'ensemble des
constructions.

Race chevaline. — La race chevaline est représentée, dans
cet établissement, par mille juments de divers degrés de croi-
sement.

35 de pure race sont servies par un étalon Yort Claveland.

35 autres, également de pure race, sont servies par un étalon
Trakenem, de race allemande, introduite en 1876.

Les poulains de ces races se vendent 600 francs.

Deux autres groupes de juments sont destinés à produire
les chevaux galopeurs chiliens. Ces chevaux ont le mérite
d'aller à un pas de galop sans trop fatiguer le cheval et le ca-
valier.

Race bovine. — 3,600 vaches, de divers croisements, sont
servies par des taureaux Herford à face blanche.

3,800 vaches croisées sont servies par des taureaux Durham.
La première de ces races a été choisie parce qu'elle est plus
robuste et moins difficile à élever.

La seconde comme plus propre à l'engraissement et qu'elle
produit une plus grande masse de viande.

Race ovine. — Deux races de brebis sont élevées dans
le domaine de San-Juan, la race Southdown à face et
pattes noires, sans cornes, et la race Rambouillet.

Le groupe de race pure Southdown est de 1,500 brebis. Elles
sont servies par des béliers de pure race.

Le groupe de race croisée s'élève à 5,500 brebis.

Les Southdowns acquièrent tout leur développement en dix-
huit mois, pendant qu'aux Rambouillets il faut deux ans.

Dans cet établissement, des moutons Southdown ont pesé
après leur mort 9 arrobes (90 kil.).

La laine de cette race est plus recherchée que celle du Rambouillet, parce qu'elle est plus légère ; on la paie deux francs
de plus par arrobe.

Le groupe de la race Rambouillet comprend 32,000 brebis.

300 sont de pure race. Des béliers ont donné des toisons

pesant de 18 à 32 livres de laine. Ces brebis sont menées au pâturage pendant le jour, et la nuit, on leur donne, dans des hangars, du fourrage sec à manger.

L'année 1877, on récolta 3,500 arrobes (35,000 kil.) de laine, ce qui, pour 32,000 têtes, donne 1 kil. 09 environ par tête, l'une comportant l'autre.

A ces établissements nous pourrions en ajouter des centaines, tout aussi importants et aussi bien tenus, tels que ceux de M. Emile Duportal, à San-Vicente, de MM. Casares, Guerrico, Unzué, Lincoln, Ortiz, Edouard Olivera (1). Celles dont je viens de faire la sommaire description suffiront pour démontrer à mes lecteurs les richesses immenses que l'industrie du bétail est appelée à produire dans la République Argentine.

Comme preuve de haut intérêt que porte le gouvernement argentin depuis trente ans à l'œuvre de la colonisation de son vaste territoire et de sa décision à en poursuivre l'exécution, nous reproduisons ici la lettre de félicitation et de remerciements pour notre initiative de colonisation, que nous faisait adresser, en septembre 1854, le gouvernement argentin, sous le général Urquiza, par l'éminent ministre de l'intérieur, M. le docteur Gorostiaga. Le président actuel de la République Argentine, brigadier-général Roca, pénétré de la même décision, disait, dans son dernier message au congrès : « Je « crois nécessaire de stimuler la colonisation de nos territoires

____

(1) M. Edouard Olivera est l'Argentin qui a contribué le plus au progrès immense qu'ont acquis l'agriculture et l'industrie de l'élève du bétail dans la République Argentine. Ancien élève distingué de l'école de Grignon, agronome instruit, auteur d'un ouvrage très intéressant, en deux volumes, ayant pour titre : *Voyages agricoles en Europe*, organisateur de la grande société, *le Club Rural Argentin*, fondateur des annales de cette société, dans lesquelles il a publié plusieurs articles remarquables, M. Edouard Olivera est appelé à jouer un rôle important dans le mouvement industriel de son pays. Pour mon compte, je n'oublierai jamais les agréables et instructifs entretiens que j'ai été assez heureux d'avoir avec cet homme distingué. La publication en français de son livre, serait une œuvre précieuse pour les agronomes et cultivateurs de l'Europe. Cet ouvrage, écrit en espagnol, est entre nos mains, nous le mettons à la disposition d'un auteur qui se chargera de la traduction. Sa publication sera une œuvre utile, et, je crois aussi, une bonne spéculation.

« nationaux en accordant de larges concessions et en proté-
« geant les colons. »

Voici la lettre du ministre de l'intérieur, docteur Gorostiaga :

Parana, 11 septembre 1858.

Monsieur le docteur BROUGNES,

« Son Excellence M. le président de la République Argentine a
reçu un exemplaire de votre ouvrage intitulé : *Extinction du paupérisme agricole par la colonisation dans les provinces de la Plata.*
La lecture de votre livre a complètement satisfait Son Excellence ; elle
m'a chargé de vous remercier en son nom, non-seulement de l'envoi
d'un exemplaire dudit ouvrage, mais surtout du service important que
vous rendez à la confédération, en vous occupant d'un de ses intérêts
les plus vitaux, celui d'introduire dans nos contrées des travailleurs
honnêtes et laborieux.

« La question que vous avez traitée dans votre livre est frappante
de vérité et pleine d'intérêt. Comme vous le dites, les bras surabondent
en Europe, où le sol arable est infiniment trop réduit pour sa trop nombreuse population, pendant que nos immenses et fertiles plaines man-
quent presque totalement de laboureurs. Fournir du sol aux travailleurs
agricoles, du travail et la subsistance aux indigents, telle est la question à résoudre au profit de l'Europe et de l'Amérique, question dont
vous avez entrepris la solution avec un zèle qui vous honore. Le gouvernement argentin ne négligera rien, pour son compte, et s'imposera
tous les sacrifices pour le succès d'une aussi grandiose entreprise.

« Vous trouverez, à la suite de cette lettre, une copie d'un décret
du 9 septembre, qui vous prouvera le prix que M. le président de la
République fait de vos travaux et de votre activité pour l'accomplissement de l'œuvre dont la direction vous a été confiée, celle d'introduire
dans notre pays des émigrants utiles et laborieux.

« En exécutant les ordres de M. le Président, qu'il me soit permis,
à mon tour, de vous adresser mes félicitations pour votre important
travail, et je vous prie d'agréer l'assurance de ma haute considération,

Le ministre de l'intérieur,
BENJAMIN GOVOSTIAGA.

DÉCRET

Panama, 9 septembre 1852.

« En vue de répandre, dans la République Argentine, les
idées bien conçues sur l'émigration européenne et de prouver
le grand intérêt que prend le gouvernement pour les travaux
des hommes d'intelligence sur cette question, et sur les
avantages que l'agriculture, l'industrie, le commerce peuvent
retirer de l'exploitation de notre sol,

Le Président de la République Argentine décrète :

Article 1er. — Le livre de M. le docteur Brougnes, intitulé : *Extinction du paupérisme agricole par la colonisation dans les provinces de la Plata*, sera traduit en espagnol, imprimé et publié aux frais du Trésor National.

Art. 2. — L'exemplaire adressé au gouvernement argentin par M. Brougnes, sera déposé aux archives. Des remerciements seront adressés à l'auteur.

Art. 3. — Le ministre de l'intérieur est chargé de l'exécution du présent décret.

Art. 4. — Il sera publié et communiqué à qui de droit.

Le Président de la République Argentine,

URQUIZA.

Le secrétaire général,

V. Quesada.

Le ministre de l'intérieur,

B. Gorostiaga.

L'œuvre de colonisation à production élevée, dont nous venons d'exposer la combinaison et l'organisation, est destinée aux familles de cultivateurs pauvres dont la situation nous a paru irrémédiable par tout autre moyen. En les transformant en grands propriétaires, éleveurs de nombreux troupeaux d'animaux, avec l'outillage nécessaire à l'exploitation du sol, nous faisons de ces familles des agents de grande production, dont partie doit appartenir, en toute justice, à l'entreprise qui leur a créé une telle situation. Quant aux résultats heureux de l'œuvre, nul ne peut les contester. Le chiffre des bénéfices sera, sans nul doute, plus ou moins élevé que celui que nous avons rationnellement calculé. Mais ces bénéfices, si réduits qu'ils soient, nul ne peut les nier. Un fait incontestable, c'est l'intérêt dix pour cent par an et la prime de vingt pour cent alloués par la loi argentine au capital employé à la colonisation, hypothéqué sur l'avoir-mobilier et immobilier du colon et sur une grande concession de terre qui devient propriété de l'entreprise dès le moment de l'installation de la colonie, c'est-à-dire, du moment de l'application du capital à l'opération. Il y a donc toute sécurité pour le capital et de grands bénéfices à réaliser, tout en rendant au cultivateur pauvre le plus grand des services, celui de l'arracher au gouffre de la misère vers lequel il est entraîné et de le placer sur la voie de la fortune largement ouverte devant lui. Quant à nous, notre conscience satisfaite nous dit que nous faisons une bonne œuvre et une bonne action.

Dr BROUGNES

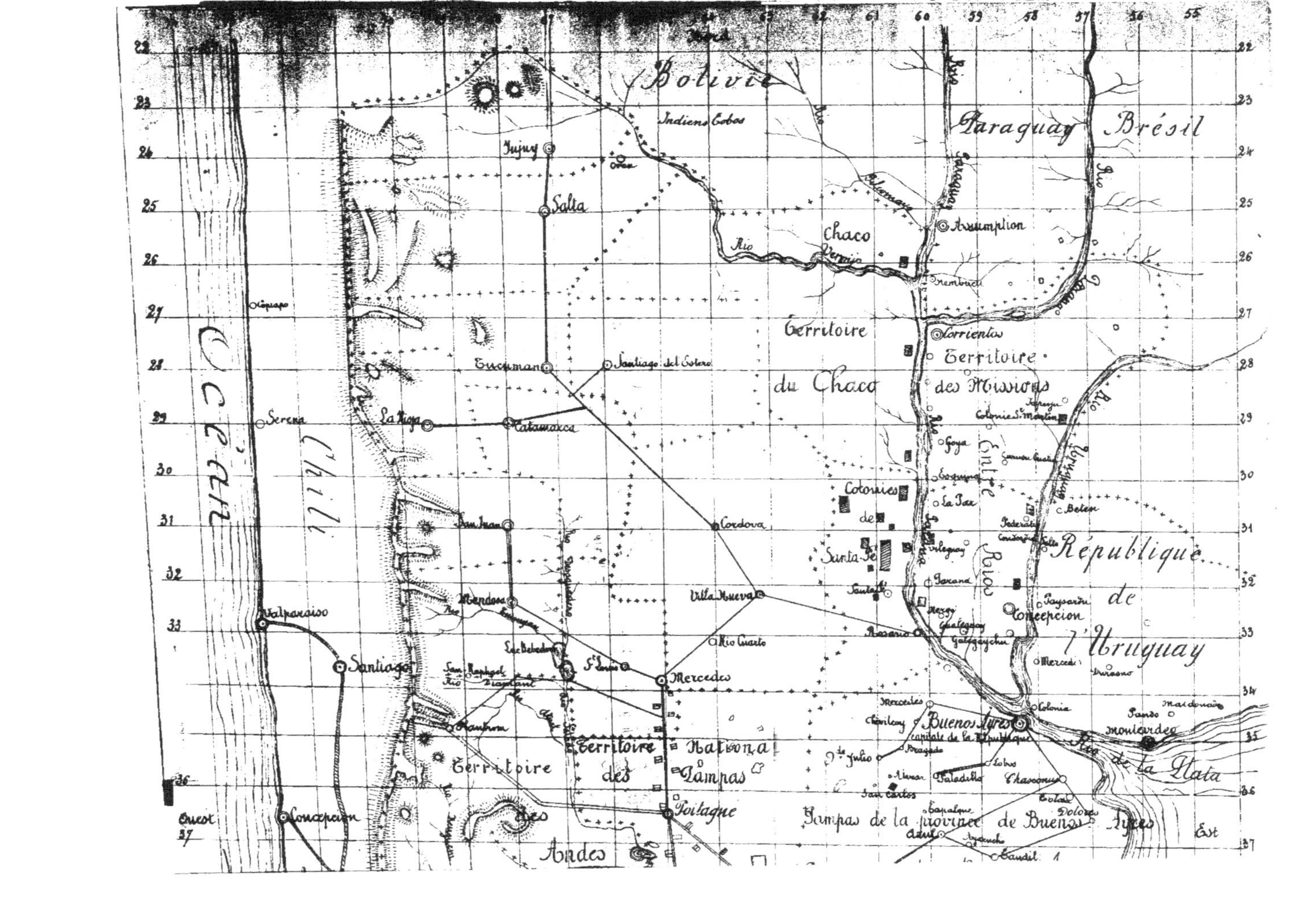

Bolivie
Paraguay Brésil
Indiens Cobas
Jujuy
Salta
Chaco
Rio
Assumption
Rio Pilcomayo
Trembuca
Territoire
Corrientes
Territoire
du Chaco
des Missions
Colonie St Martin
Serena
Tucuman
Santiago del Estero
La Rioja
Catamarca
Goya
Entre
Colonies
Cordova
Esquina
La Paz
Belen
de
Federacion
Santa Fe
Uruguay
République
Santa Fe
Parana
de
Villa Nueva
Nogoya
Paysandu
l'Uruguay
Océan
Rio Cuarto
Rosario
Gualeguay
Concepcion
Gualeguaychu
Chili
Mercedes
Durasno
Lac Bebedero
Mercedes
Maldonado
Valparaiso
Buenos Ayres
Colonia
Sando
Santiago
San Rafael
St Luis
capitale de la République
Rio Diamant
Prayado
Rio de la Plata
Montevideo
Mercedes
1er Julio
Lobos
Sauzon
Territoire
National
Navar
Saladillo
Chasconus
Territoire
des
Pampas
San Carlos
Colon
Dolores
des
Poitague
Pampas de la province de Buenos Ayres
Ouest
Concepcion
Sapalque
Est
Andes
Azul
Aranchu
Tandil
Nord

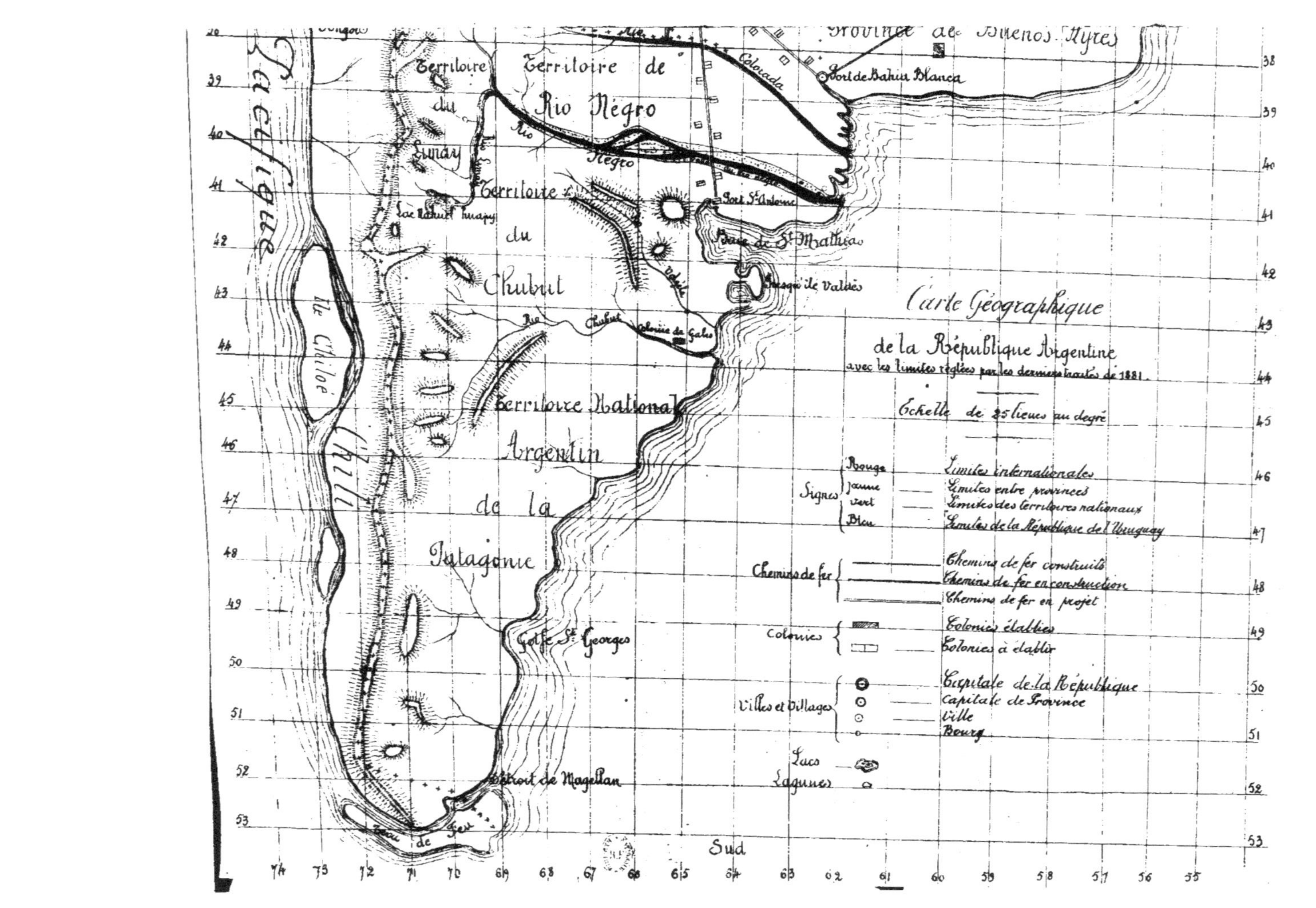
Province de Buenos Ayres
Pacifique
Territoire de Territoire de Rio Négro
du
Rio Negro
Colorada
Port de Bahia Blanca
Limay
Lac Nahuel huapy
Territoire du
Port St Antoine
Baie de St Mathias
Chubut
Presqu'ile Valdès
Ile Chiloé
Rio Chubut
Colonie de Galis
Territoire National
Argentin
Chili
de la
Patagonie
Golfe St Georges
Détroit de Magellan
Terre de Feu
Sud
Carte Géographique
de la République Argentine
avec les limites réglées par les derniers traités de 1881.
Echelle de 25 lieues au degré
Signes
Rouge — Limites internationales
Jaune — Limites entre provinces
vert — Limites des territoires nationaux
Bleu — Limites de la République de l'Uruguay
Chemins de fer
Chemins de fer construits
Chemins de fer en construction
Chemins de fer en projet
Colonies
Colonies établies
Colonies à établir
Villes et Villages
Capitale de la République
Capitale de Province
Ville
Bourg
Lacs
Lagunes